근대 건축과 하이데거

근대 건축과 하이데거

초판 1쇄 발행 2021년 8월 30일
2쇄 발행 2022년 11월 16일

지은이 이동언
펴낸이 강수걸
기획실장 이수현
편집장 권경옥
편집 신지은 오해은 이선화 이소영 김소현 강나래
디자인 권문경 조은비
펴낸곳 산지니
등록 2005년 2월 7일 제333-3370000251002005000001호
주소 부산시 해운대구 수영강변대로 140 BCC 613호
전화 051-504-7070 | 팩스 051-507-7543
홈페이지 www.sanzinibook.com
전자우편 sanzini@sanzinibook.com
블로그 http://sanzinibook.tistory.com

ISBN 978-89-6545-742-8 93600

근대 건축과 하이데거

모더니티의 시작에서 건축적 형태와 세계

이동언 지음

산지니

차례

1
서문

이 책의 바탕이 되었던 두 가지 의문이 있었다. 그 질문의 의의와 도출된 결과를 생각해볼 때, 건축 이론에서 논의가 필요할 것이라 생각하여 이 글을 쓰게 되었다. 한 가지 의문은 작품의 창조와 수용에 있어서 예술의 기여이다. 건축에서 말하자면, 어떤 건축이 가장 중요한 장소를 만들며 이 세계에 기여하는가라 할 수 있다. 실재의 창조와 재창조 방식에 대한 의문이라 할 수 있다. 다른 한 가지는 예술 작품을 그 자체로 이해하기 위한 방법이다. 다시 말해 예술 작품을 창작된 대로, 그 창조성을 순전히 이해하려면 무엇이 필요한가에 대한 의문이다. 예술 작품을 예술 작품으로 순전히 받아들이지 않고, 과학적이고 언어적 분석 방식과 도구적 측면에서 파악하는 경우가 대부분이므로, 작품을 그 시작에서부터 끝까지 전체를 상징으로, 또한 이미지로 받아들일 수 있는 방법이 무엇인가 하는 의문이었다.

이 두 가지 의문을 풀기 위해서는 창조성에 대한 명확한 형이상학적 이해가 필요하다. 특히 우리 시대의 누구보다 이러한 문제를 깊이 있게 파고들었다고 할 수 있는, 하이데거의 형이상학이 요구된다. 그의 형이상학은 서구의 사상적 전통에서 큰 발자취를 남긴 플라톤, 아리스토텔레스, 아퀴나스, 데카르트, 라이프니츠, 칸트, 헤겔, 사르트르와 같은 사상가들과 차이점이 있는데, 실재를 이해하는 방식 자체가 다르다는 점에서 그렇다. 하이데거는 세계를 끊임없이 만들어지고 다시 만들어지는 질서로 이해했다. 이는 한편으로는 은폐되어 있는 우연성(contingency)의 바탕 위에서 나타나는 것이기도 하며, 혹은 그와 반대의 입장에서 만들어지는 것이기도 하다.

하이데거가 "시인은 무엇을 노래하는가?"에서 인용한 아래의 릴케의 시[1]가 이러한 면모를 보여주면서 논의를 시작하기에 적합할 것으로 생각한다.[2]

즉흥시

릴케

마치 자연이 뭇 생명들을

1 「숲길」, 즉흥시

2 *Poetry, Languwage, Thought*, translation and introduction by Albert Hofstadter, New York, Harper and Row, 1971, p. 99. 영어로 번역된 릴케의 시의 출처는 다음과 같다. Briege aus Muzot, edited by Ruth *Sieber-Rilke and Carl Siber*. Leipzig: Insel-Verlag, 1936 (c. 1935). *Gesammelte Gedichte*, 4 Vols. Leipzig: Insel-Verlag, 1930-1934 (Bd. 4: Lipzig: Pöschel & Trepete, 1934). *Späte Gedichte*. Leipizig: Insel-Verlag, 1934.

그들의 몽롱한 욕망의 모험에 맡기고, 결코 어떤 것도 흙더미와 나뭇가지로 특별히 보호하고 있지 않는 것처럼,

그렇게 우리 또한 우리 존재의 근원으로부터
그 이상 사랑받고 있지 않다. 그것은 우리를 모험에 빠뜨린다. 다만 우리는
식물과 동물보다 그 이상으로
이런 모험과 함께 나아가고, 그 모험을 욕구하면서, 때로는 또한
생명 그 자체가 존재하는 것보다
더욱 더 모험적으로 존재한다.(이것은 자기 이익을 위함이 아니다.)
한숨 돌릴 동안만
더욱더 모험적으로…. 이것이 보호의 밖에 있는 우리들에게
안전함을 제공한다. 그곳은 순수한 힘들의 중력이 작용하는 곳이다. 우리를 마지막으로 감싸고 있는 것은
우리의 보호를 받지 못하는 존재이다. 그리고
이러한 존재를 위협하는 것을 우리는 보았기 때문에, 그것을
법칙이 우리와 접촉하는 가장 넓은 권역 안에서

> 긍정하기 위해, 우리는 그것을 열린 장 속으로 옮겨
> 놓았다.

이 시에는 우연성, 모험, 예술로 향하는 인간 의지의 표현, 사람이 한숨 돌리는 사이 나타나는 무(無)이기심, 더 넓은 궤도로 확장되며 마치 음표가 음악과 같이 울려 퍼지는 창조성의 총체적인 모티브가 있다.

하이데거의 창조성에 관한 형이상학이 매력적인 이유는 창조성에 관한 동양 사상의 대표적인 태도와 유사하다는 것이다. 그러나 그의 창조성에 관한 철학과 동양과의 친밀함이 오롯이 그만의 것이 아니라는 점을 짚고 넘어가야 한다. 특히 현대 예술의 철학적 토대가 되었던 20세기의 사상가들, 샌포드 슈바르츠 교수가 모더니즘 운동[3]에 관해 언급하면서 현대 미학의 "토대(matrix)"라 지칭했던 브래들리, 베르그송, 제임스, 니체 등 네 명의 철학자들도 그런 친밀함이 있다. 또한 언급한 네 사람과 나란히 견줄 수 있는 화이트헤드, 비트겐슈타인, 메를로 퐁티도 생각할 수 있다. 하지만 화이트헤드는 단지 플라톤과 아리스토텔레스의 범주들을 존재가 아니라 과정에 관한 범주들로 가능하게 고쳤을 뿐이며, 비트겐슈타인과 메를로 퐁티는 인

---

3 Sanford Schwartz, *The Matrix of Modernism*, Princeton, N. J., Princeton University Press, 1985.

간 주체의 분리에 크게 의존하는 철학적 인류학에서 완전히 벗어난 데카르트의 인식론적 전통에 너무 가까이 서 있다. 즉 창조성의 과정에서의 인간의 사고와 행위의 노력으로부터 행위의 주체인 인간을 분리시킨다는 것이다.

모더니즘 건축을 포함한 모더니즘 예술에서 창조성이 왜 중요한지 설명하기 위하여 모더니즘의 가장 저명한 대표자인 바우하우스의 파울 클레라는 화가의 최근 저작에서 일부를 인용하고자 한다. 베르너 하프트만은 클레에게 있어 필생의 사업에서 세워진 창조성의 의미를 다음과 같이 설명한다.[4]

> 오늘날 철학적 개념의 과잉이 우리의 시각을 흐리멍텅하게 만들기에 회화와 화가 또한 더 이상 명확하게 보지 못한다. 따라서 우리는 그림 자체의 표현적 힘에 주의를 기울이려고 노력하여야 한다. 그들의 소리 없는 대화를 듣는 것으로써만 우리는 그림이 보내는 메시지의 원천인 심금에 도달할 수 있다. 그 원천은 됨(becoming)의 순간이며, 개성(personality)이 활성화되고 창조적으로 되는 장이다. 이것은 내가 '회화적(pictorial) 사고'라고 부르는 어떤 특수한 종류의 지

4 Werner Haftmann, *The Mind and Work of Paul Klee*, London, Faber and Faber, 1967, pp. 14, 15.

> 성을 행하는 것이다. 마찬가지로 이 회화적 사고는 전체 세계를 대하는 인간의 정신적 태도를 전유하고, 정돈하고, 깨닫고, 표현하는 과정이기도 하다.

하이데거의 창조성에 대한 경험에 대한 분석을 통해서 볼 때, 예술가뿐만 아니라 이 시대의 훌륭한 건축가들에게도 적용되는 창조적 태도는 무시당해왔다고 할 수 있다. "철학적 개념의 과잉으로 시각이 흐리멍텅하게 된" 많은 건축 이론가와 역사가들에게 의해서 말이다. 이런 이론가와 역사가들은 설계와 그 교육의 "요령"에 관심을 기울인 반면, 우리 시대의 건축 대가들의 "전체 세계에 대한 정신적 태도"에는 초점을 맞추지 못했다. 같은 장에서 하프트만이 말했듯이, 그러한 관점에 이르는 방법은 철저한 깨달음이다.[5]

> **우리가 알고 있는 형태**로 눈에 보이는 세계는 유일하게 존재하는 세계가 아니다. 그로부터 멀지 않은 곳에, 그와 비견될 수 있지만 그 자체와 평행한 곳에 세계가 존재한다. **사람이 그 자신을 표현함으로써 말이다.**

---

5 Ibid, 강조는 인용자.

하프트만이 우리에게 말하는 것은 이 표현이 "그 자체의 논리(a logic all its own)"를 지닌 언어 그 자체에서 일어난다는 것이며, 새로운 실재가 만들어진다는 측면에서, 클레의 말인 '삶을 흔히 보이는 것보다 더 크게 만들어주는 것, 즉 예술을 지닌 실재'이다. 이러한 근간으로 하이데거는 이 창조적 표현을 더 이상 사람의 것이 아니며 **존재의 언어**라고 부른다.

그러므로 예술 작품과 건축을 창조된 것으로 논하는 것은, 그것을 창조성의 관점에서 논의하는 것이라 할 수 있고, 세계의 총체적인 창조성에 그 작품의 창조성이 부가되는 상황 속에서 논의하는 것이라 할 수 있다. 이런 세계의 창조성은 창조성의 모험(venture of creativity) 없이는 결코 도달할 수 없으며, 또한 하이데거의 개념을 통해서 말하자면, 세계의 네 가지 차원 혹은 사방(四方)과의 결합을 통해 달성될 수 있다. 작품 속에서 존재의 네 가지 차원 혹은 사방이 결합되는 것이다. 사방은 대지(earth, 우연성), 하늘(sky, 시간), 멸자(mortality, 형태) 그리고 불멸자[god, 재창조적인 모험을 통한 선(good)의 지속(preservation)]로 이뤄진다. 이것들을 통하여 우리의 근간(ground)은 항상 변하면서 세계를 스스로 그리고 끊임없이 되찾는다(recover).

하지만 이 모든 것이 예술에서 근본적으로 중요한 것이며, 무시될 수 없는 것이라면, 예술 작품은 물체로서 세계 속에 진입할 수 없을 것이다. 예술 작품은 물체라기보단, 하나의 모험으로서, 즉 존재의 사방들의 긴장으로서 세계의 진리가 꾸준히 유동적이게 해준다. 하지만 동시에, 어떤 의미에서 그것이 완성시키는 것은, 그것이 모험으로 남겨둔 것을 열어젖히는 것이며, 이는 "앞뒤를 결정하는" 행위들 덕분에 열린 채 남겨진 것과 동일하며, 대지와 관련된 세계를 "건립하고(set up)", 균열로서의 형태를 "보여주고(set out)", 언어로서의 균열이나 의도를 "결정한다(set down)."

예술 작품(건축)과 세계의 독특한 관계는 월레스 스티븐스(Wallace Stevens)의 간결하면서 뛰어난 시에서 나타나는데, 그는 근대 문화, 특히 미국에서 사물로서 또는 인간의 세속적 노력의 도구로서 간략히 다룬 예술 작품에 대해 논평하면서 불만을 나타냈다.

항아리 일화[6]

월레스 스티븐스

나는 테네시에 항아리 하나를 놓았는데,
그것은 둥글었고 언덕 위에 있었다.
그로 인해 거친 황야가
언덕을 에워쌌다.

---

6 Wallace Stevens, *The Collected poems of Wallace Stevens*, New York, Vintage Books, 1982, p. 76.

황야는 항아리 위로 솟아올라
주위로 뻗쳐 있어 더 이상 황량하지 않았다.
항아리는 둥글게 땅 위에 놓여
높은 키에 점잖아 보였다.

그것은 공간을 온통 지배했다.
항아리는 잿빛에 민무늬였다.
새나 덤불숲이 그려져 있지 않은 그것은,
테네시에서 별다르지 않은 항아리였다.

하이데거가 가장 사실적인 것을 탐구를 할 때, 여태까지와는 다른, 물체들의 출현 방식을 인식했다. 그 방식은 곧 하이데거의 세계에 대한 다른 정의 아래에서 새로운 출현 방식들을 더 발견할 수 있게 해주었다. 이러한 세계의 감각(sense)은 순수 사고의 방식에 순응하는 것을 그만두는 것을 바탕으로 한다. 이 다른 방식의 출현은 물체들 그 자체가 상호 간의 양상들 중 일부에서 선택된 관계들이라는 모습으로 나타난다. 이 관계들은 불변하는 것으로 받아들여, 원형의 지속을 중심으로 가지게 되었다. 왜냐하면 서양 사상의 발전 역사를 살펴보면 개념적 발견과 재현의 대결 구도가 형성되었는데, 이것이 패러다임으로 굳어져버렸기 때문이다. 스티븐 페퍼가 제안한 방식에서[7] 그런 원형들은 개략적으로 질적인 불변(형식주의, formism), 양적인 불변(기계주의, mechanism), 유기적, 목적 지향적 불변(유기주의, organicism), 가설적, 맥락적 불변(맥락주의, contextualism)으로 드러날 것이다.

설명하기 위해 패러다임을 사용하는 것은 예술 작품의 이해를 흥미롭게 하는 것은 확실하다. 이때의 흥미는 어떤 무엇이든, 대상이 지금껏 존재해왔던 방식이 새롭게 변하는 것에서 느껴지는 것에서 유래한다. 그러나 패러다임은 예술이 만들어 주는 현존의 가능성에 관해서는 통찰을 전혀 주지 않는다. 개념적 설명은 예술적 아우라를 설명하는 것처럼 보이면서도 그것을 사라지게 만든다. 패러다임적 관계들이라는 측면에서는 아우라를 쉽게 설명할 수 없다. 아우라의 중요성에 관한 의문을

7 Stephen Pepper, World Hypotheses, Prolegomena to Systematic Philosophy and a complete Survey of Metaphysics, Berkeley, University of California Press, 1961. 여기서 개념적 체계나 패러다임의 정의에 대해 선택한 이러한 접근방식은 T. S. Kuhn, The Structure of Scientific Revolution, Chicago, University of Chicago Press, 1963, 그리고 M. Foucault, The Order of Things, An Archeology of Human Sciences, New York, Random House, 1970의 것이다. 이 저작들 중 첫 번째는 통일된 체계로서 과학적 사상이 지니는 추정에 대한 패러다임 문제로 국한된다. 두 번째 저작은 과학적 방법의 언어적 구조로 그 자체가 제한된다. 반면 페퍼의 저작은 사상 그 자체의 범주들을 고찰한다. 여러모로 이 저작은 현재까지 발전한 서구 사상의 역사의 기저를 이루는 본질적 직관의 현상학을 구성하고 있다.

인식론적 언어학적 관계의 참조(reference)와 함축을 줄이지 않는 한에서 말이다. 따라서 아우라를 작품 그 자체에서 다른 것으로 옮기지 않는 한 아이디어와 감정은 그 작품과 묶여 있다.

예술은 두 세계의 사이와 실재들의 종류 사이에서 그것들을 구분하여 의미를 가지게 한다. 이것은 하이데거의 후기 저작에서 확실히 설명될 수 있다. 즉 예술의 귀결점은 예술과 건축 작품들의 창조됨과 그것들이 자체적으로 그들의 아우라의 현존을 영속한다는 것의 사이에는 가까운 연결이 있는 것이다. 훌륭한 예술 작품과 건축 작품에서는, 우연성에 가려져 있는 가능성이 실현된다는 특징이 기능으로서만 소모되지 않고 더 나아가 그들의 아우라와 우리가 느끼는 경이로움의 원천을 지니고 있다. 그런 위대한 예술적인 것들이 지니는 경이로움은 유물, 재현이나 표현으로서의, 즉 도구성을 넘어선다. 경이로움은 그 자체로 작품에 붙는 것이다.[8]

> 정확하게 말하자면, **예술가 및 작품의 창조 과정과 환경이 밝혀지지 않았다는 점**에서, 이러한 요점, 이러한 창조됨의 "존재하는 그것(that it is)"은 가장 순수한 관점에서 작품으로부터 나온다.

---

8 Ibid., pp. 65-66. 인용문에서 처음 강조한 두 줄은 필자가 강조한 것이고 나머지는 하이데거가 강조한 것이다.

> 확신컨대, **만들어진 "존재하는 그것"**은 마찬가지로 사용가능하며 사용된다는 도구로서의 특성도 지닌다. 그러나 이 "그것"은 도구로서만 두드러지는 것은 아니다. 그것은 유용성의 측면에서 사라지며 … 일상의 대부분이 으레 그렇듯이, 우리는 존재하는 그것이라고 주목할 수 있다. 그러나 만약 모든 것들이 주목된다면, 이것 역시 망각이 될 것이다. 왜냐하면 그것은 일상적인 습관이 되기 때문이다. 그리고 존재한다는 것보다 일상적인 것이 있는가? 사실, 반대로 생각해보면 한 작품에서 작품으로서 **존재**한다는 것은 그저 비일상적인 것일 뿐이다. 그것이 창조되었다는 사건은 단순히 작품을 통해서 울려 퍼지는 것만은 아니라, 작품 자신이 바로 여기에 있는 하나의 작품으로서의 작품이라는 중요한 사실을 그 자신에 앞서 던지는 것이다. 그리고 작품은 스스로에 관한 이 사실을 일관되게 지닌다. 작품이 스스로를 보다 본질적으로 드러낼수록, 존재하지 않는 것보다 존재한다는 사실의 유일성도 명확해진다. 이러한 진의가 더 본질적으로 열릴수록, 더 유일해지며 강력해지는 것이다.

예술 작품은 존재에서 창의성의 구현이라는 점에서 빛나는 것이며, 따라서 작품도 돋보이며, 모든 가능성을 지닌 해석과 이해에 따라 계속해서 빛나며, 빛바래고, 회복된다. 그래서 존재한다. 하이데거에게 있어서 예술 작품과 건축 작품의 이러한 아우라는 그들의 상징성의 정수(精髓)이다.

풍부하고도 필수적인 상징이 다른 개념적 패러다임에 포함되며 체계화된 구조에서나 찾을 수 있는 함축(connotation)이나 단순지시 혹은 지명(denotation)으로 나뉘어 들어가면, 상징적 존재는 기호(sign)로서 풍부한 힘을 잃어버린다. 재현적 기호가 된다는 말이고 한 생각의 단순한 상징(즉 함축적 의미의 상징)이 되거나 감정의 표현이 된다는 말이다. 아우라의 현존이 인식적 질에서 물질적 혹은 정신적 영역의 인과관계로 이동하거나 심적 의지, 감정적 충동으로 이동할 때, 이러한 표현력과 의미의 이탈은 그 자체로 특별한 패러다임들 속에서 지니는 상대적 중요성들에 부합하여 서로 인위적으로 분리되는 형태와 내용물이라는 요소들 사이에서 상징이 작용하는 것으로 나뉘게 된다. 작품이 지니는 강력함의 원천인, 작품만의 우연성을 직면하는 것처럼 작품의 가장 단일한 위치에 귀를 기울여야 한다고 하이데거가 말하는 것은 이러한 이유 때문이다. 순전히 "미학적"이거나 형식주의적인 가치관을 유지하려는 욕구 때문인 것이 아니라 말이다. 다음 장에서 마주하게 되겠지만, 여기서 언급된 고독(solitude)의 조건은 세계로부터 작품의 고립을 나타내는 것도 아니고, 작품과 세계에서 창조됨의 구조로부터 분리를 나타내는 것도 아니다. 그보다는 더 반대다. 예술 작품은 한 물건으로서, 대상으로서 고찰할 수 없다는 것이다. 그리고 앞으로도 그러지 않을 것이다. 또한 세계를 관념의 관계로만 여기지도 않을 것이다.

상징으로서 건축 작품은 심지어 그것이 만들어지기 이전에 설명된 작품들과 공존해왔고 대체되었던 방식은 서양 건축사의 두 가지 전형적인 시점, 바로크와 모더니즘 시기에서 자세히 논의될 것이다. 그러나 이 논의는 이 책의 배경을 임시적으로나마 명확하게 만드는 것으로는 단도직입적으로 수행할 수 없다. 때때로 예술가와 건축가들의 관례와 부합하면서도 때로는 명백히 그러한 관례 및 그들의 창조적 의미와 반대되기도 하며 상징을 관념과 인과에 대한 종속으로 수행된 건축 역사와 비평의 전례들에 초점을 맞추는 것은 특히 시공간의 제약 내에서 보다 쉽고, 동시에 효율적이다.

둘째 장에서는 세계에 관한 다양한 경험들을 서로 구분시키는 하이데거의 텍스트를 소개하고 설명한다. 셋째 장에서는 스티븐 페퍼의 저작에서 패러다임의 개념을 논의한다. 넷째 장에서는 바로크 건축 이론과 개별 저자들이 뼈대를 만든 패러다임의 기초를 논의한다. 다섯째 장에서는 모더니즘 건축이론 및 해석 그리고 모더니즘의 정수로서 맥락주의의 이해에서 저자들의 한계에 대해 논의한다. 마지막 장에서는 전기 하이데거의 경험이 명확해지고 확대한 것으로서의 후기 하이데거 저작에서 찾을 수 있는 원리와 부합하는 건축의 상징과 공간의 의미를 넓히고자 한다. 모더니즘 건축의 전체 범위에 관한 향후의 연구는 하이데거와 위대한 대가들이 공유했던 상징과 창조성의 익숙한 연결에 대해 분명한 의식을 보여주는 것이 되어야 할 것이다. 서양 건축의 다른 시대와 비서양 문화의 건축에 관한 연구들은 저런 연결점의 유사성을 이해하는 데 도움을 줄 것이다. 이 책이 개념적 체계들에 내재되거나 부가된 방법론적 제약이나 이데올로기적 편견들로부터 창조성에 관한 이해를 해방시키려는 시도에서, 건축에서의 해석학과 해석학적인 건축을 명확하고 이끌어내는 데에 기여하기를 바랄 뿐이다.

2 세계, 기호와 건축

2
세계, 기호와 건축

2.1 세계(1), 세계(2), 기호와 건축

인간은 같은 세계에서 살지만, 다른 해석 속에 살아간다. 얼마나 깊게 해석하느냐에 따라서 이해하는 방식이 달라진다. 인간은 다양한 방식, 즉 다양한 세계의 패러다임에 따라 세계를 파악할 수 있다. 페퍼는 이 패러다임을 네 가지로 정리한다. 형식주의, 기계주의, 유기주의, 맥락주의이다. 건축도 인생과 마찬가지로 다양한 세계의 패러다임에 따른 다양한 방식으로 설계되고 시공된다. 건축의 형태는 기호의 복합체로서 세계에 관한 이해와 깊은 연관이 있다. 이 장에서는, 세계, 복합적 기호 혹은 형태의 현상학과 건축의 연결고리를 탐구해보고자 한다.

하이데거의 네 가지 다른 세계에 대한 주장을 알게 된다면, 우리는 기호의 작동 방식과 그의 네 가지 맥락들을 구별하고, 정교하게 다룰 수 있을 것이다. 세계(1)은 실체적 개념으로 사용되며 눈-앞에-있음(present-at-hand)이 되는 그런 존재들의 전체성을 의미한다.[1] 세계(1)은 사물들의 상호 간의 측면 일부가 지니는 선택적 관계들로 개념화되지 않는다. 그보다는, 우리가 지각하는 인상에 따라 구축된다. 순수하면서도 타고난 관점에 따라, 우리는 편견이나 개념적 분석 없이 우리 감각을 통해 직접적으로 세계(1)을 세계로 이해한다고 생각한다. 정확히 말해 이러한 믿음은 세계(1)을 존재적인 것으로 만든다.

세계(1)에서의 기호의 역할은 우리가 원래 습관적으로 우리의 행동에 따라 반응하던 대상을 주체적인 것으로 만드는 것이다. 우리의 의식에 따라 다양한 관점에 의하여 면밀하게 조사한다는 의미이며, 하이데거의 표현에 따르면 이것이 눈-앞에-있음이다. 기호는 단순히 그 상황에서 나타나는 다른 대상을 가리키기만 한다. 세계(1)의 기호는 존재론적 기초적 단계라는 기호학적 관점에 의거한다. 하이데거의 설명이 도움이 될 것이다.[2]

> 가리킨다는 것은 '일종'의 귀착으로 정의될 수 있다. 우리가 형식적으로나마 귀착을 취하는 것이 가능하다면, 귀착은 관계맺기이다. 그러나 관계는 기호, 상징, 표현 혹은 의미로서 구별되는 귀착의 '유형'이나 '종류'와 같은 기능을 하지 않는다. 관계는 꽤나 형식

1 Martin Heidegger, *Being and Time*, translated by J. Mcquarry and E. Robinson, New York, Harper and Row, 1962, p. 93.

2 Ibid. p. 108.

> 적인 것이다. 다시 말해, 그 주제나 존재 방식이 어떻든 간에 어떤 맥락으로부터의 '형식화'를 거쳐 직접적으로 읽어낼 수 있는 것이다.

이런 기호학적 관점에 따르면, 세계(1)의 기호는 기계적이며 습관적인 기초적 개념들의 수행과 관련이 있다. 세계(1)의 기호는 우리의 지각에 크게 의존하며 또한 오직 제한적이고 선별적인 맥락에만 관습적으로 연결된다.

건축적 사례에서 세계(1)의 기호의 전형적인 것은 기능주의라 할 수 있을 것이다. 기능주의에서 건축적 '형태'는 기능에 의존한다. 이는 보통 한정된 맥락 안에서, 요소들의 상관관계들을 뻔하고 매우 좁게 나타내 버린다. 또한 기능주의에서 기호는 단순히 원하는 기계의 한정적 효과를 다루는 데에 필요한 다른 대상을 가리킬 뿐이다. 이 세계(1)에서 기호의 기능은 좁은 범위에서 의도적이다.

그러나 다음 세계, 세계(2)는 존재론적 용어에서 나왔다. 이 세계(2)는, 관계가 체계적인 진보를 이뤄냈다는 측면에서, 우리가 순수하게 인식하거나 당연하다 여기는 세계(1)의 실재들의 존재를 의미한다. 그리고 세계(2)에서는 다수의 존재들의 연결이 확연히 체계적이다. 그 연결성을 통해 에워싸인 어떠한 영역이 세계(2)이다. 예를 들어서, 한 건축가의 '세계'를 말한다는 것은 건축물의 받아들일 수 있는 대상들이라는 영역을 의미하는 것이다.[3] 세계(2)의 세부항목들은 세계(2)를 구성하는 존재들의 근원적인 특징들이라는 측면에서 열거할 수 있다. 예를 들어서, "건축적 세계"를 정의하는 것은 단지 건축적 대상들이 같은 집합에 분류되는 것일 뿐이다. 후설은 이것을 에이도스(eidos)라고 불렀다. 우리가 세계를 세계(2)로서 파악한다거나 에이도스의 세계로 이해한다면, 우리는 그 세계 속에서 생생하지 않은 삶을 사는 것이다. 즉 개념의 세계에서만 살아가는 것이다.

개념의 세계는 다양한 세계의 패러다임을 보여준다. 서론에서 언급했듯이, 이 패러다임들 간의 관계는 스티븐 페퍼에게 있어 다음과 같은 형태로 여겨진다. 형식주의(플라톤, 아리스토텔레스와 같은 스콜라학파들에 대한 명칭), 기계주의(데카르트와 칸트같은 합리주의자와 경험론자들의 존재론), 유기주의(헤겔과 마르크스처럼 발전적 방향을 지닌 변증법에서 서로 변증법적 짝을 지닌 쌍으로 관계를 이해하거나, 베르그송과 화이트헤드의 과정 철학처럼 인식론적이며 존재론적인 복합체로 이해되는 순수한 관계 체계). 이러한 세계 패러다임들에서, 우리는 오직 존재론적으로 혹은 인식론적으로 고정된 세계에서만 산다. 감정과 상상 그리고 실존적 염려(concern), 즉 관심과 집중이 없기 때문이다.

건축에서도 세계(2)에 해당한다고 할 수 있는 몇몇 사례가 있다. 빈센트 스컬리는 프랑스 건축가인 페레의 설계의 실패

3 Ibid. p. 93.

를 세계(2)의 패러다임의 탓임을 넌지시 이야기한다.[4]

> 대부분의 비평가들은 페레의 최근 설계가 1930년대의 설계보다 한결 나은 것으로 평가했다. 일정하게 표현된 기둥의 간격(bay)과 고전풍의 규칙이 있기 때문이다. 또한 빅토리아적 고딕의 구조적 결정론과 고전풍을 강렬하게 갖추면서도, 낭만주의적 고전주의와 형식적으로 치중하지는 않았기 때문이다. 그러나 르 아브르에서 페레의 대 재건에서 볼 수 있는 것처럼, 그 전에 언급한 특성들이 굳건하더라도 너무나 지적, 감성적으로 건조하고 건축에 대해 말하는 바가 너무나도 적다.

페레가 실패한 근본적 이유는 그가 내재적으로 전통적 세계를 개념화했기 때문이다. 즉 세계(1)이 갑자기 세계(2)로 변화했기 때문이다. 개념화라는 이 변화는 그가 고전주의나 고딕 건축의 에이도스에 대한 미학적 애착을 반영한다.

케네스 프램톤은 다른 20세기의 건축 운동, MIAR(이탈리아 합리주의 건축운동)를 분석하면서, 개념화된 세계인 세계(2)

---

4 Vincent Scully, *Modern Architecture: The Architecture of Democracy*, New York, George Braziller, 1961, p. 24.

와 실존적 염려(concern)가 거주하는 세계(3)의 차이점을 설명한다.[5]

> 모더니티와 전통의 갈등은 이탈리아에서 이상하고 기묘하게 일어난다. 왜냐하면 젊은 합리주의자들이 무지오와 피아첸티니처럼만 고전적 전통의 재해석을 했기 때문이다. 그러나 MIAR의 접근은 극단적으로 지적이고 그들의 엄격한 작품은 쉽게 이해될 수 있는 도상학이 결여되어 있다.

MIAR의 접근을 통한 고전 건축을 지성화하기 위한 노력은 기초적인 건축의 목적으로 회귀했어야만 한다. 왜냐하면 모든 패러다임들이 이미 그 전통 속에서 통합되어 있기 때문이다. 그렇기 때문에 그들의 노력은 고전 전통과 단절을 초래했다. 그러나 젊은 합리주의자들은 개념화된 세계에서 산다. 그들이 고전적 전통을 유지한다는 것은—전체로서든 아니면 단편적인 디자인, 장식, 주제상의 암시 등 실체상의 단편적, 유형적인 관계들로서든—체계적 관계들의 완전한 일관성은 무시하며 패러다임만을 복원한다는 의미였다. 다시 말해서, 그들은 그들의

---

5 Kenneth Frampton, *Modern Architecture: A critical History*, New York, Thames and Hudson, 1985, p. 215.

근간의 조직했던 경험들 대신에, 형식화를 이뤄낸 고립된 개념만을 복원한 것이다.

다음 장에서 자세히 설명하겠지만, 세계(2)의 기호는 그저 이전 단계의 전통의 유형과 형태(figure)를 착안한 인식론적 혹은 관습적인 놀이(play)의 산물일 뿐이다. 세계(2)에서, 놀이(play)는 항상 멜로디처럼 스스로에 따라 결정되는 텍스트나 세계, 패턴을 읽고 그리는 것의 결과물이다. 놀이의 목적은 비평적 관점에서 인식되지, 창의적이거나 창조적인 감에서는 인식하기 힘들다. 이런 만연한 회상과 예상은 우리가 예측을 즐기게 하며, 예측의 성취에 따라 놀라게도 한다. 또한 우리는 형성된 패턴을 벗어나려고, 다른 게임으로 전이시키려고 한다. 그리고 마지막으로 이전된 게임에서 초기의 예측이 완전히 사라진 그 특별한 결과에 기뻐하려고 한다. 이 표시(sign)는 관습적인 틀이 잡힌 확증이나 논증으로 심하게 과용되었으며, 항상 선택적이었고 관계들의 일련이었다.

세계(2)에서 기호의 전형적인 사례는 구조주의자들의 기호이다. 그들에 따르면, 우리의 삶은 존재론적, 인식론적으로 고정된 삶이며, 개념화된 세계인 세계(2)에 있다. 이 세계의 구조는 물리적, 정신물리학적 인과관계에 근간을 두고 결정된다. 여기서의 기호는 세계(2)에서 창조된 텍스트 안에 있으며, 성적, 경제적, 심리학적 능력의 상징이다. 이 기호는 다른 기호들과 환유적 관계를 지닌다. 그에 따라서 맥락적 코드를 형성한다. 이런 관계들의 맥락(혹은 코드)은 관습적이거나 정신물리학적 욕구로 구성된다. 따라서 텍스트 안에서 환유와 은유의 조합이 그 자체로 일련의 근원적인 인과의 관습의 은유적 대체물이 된다. 즉, 환유와 은유가 보통 통상적으로 바뀌기 때문에, 세계(2)의 대부분의 경우에, 상징은 실재에 관한 것이 아니라 그 자체의 기호, 즉 세계가 문화적인 측면에서 고정된 상태가 된다.

구조주의적 기호를 사용한 세계(2)적 건축물의 예로서 로버트 스턴의 Best Products Showroom의 설계안을 들 수 있다. 여기서 정면의 회랑을 따라 약혼반지, TV 스크린, 유모차 등 소비재의 이미지를 찾을 수 있다. 이런 이미지의 배치는 공간적인 상점의 물리적인 구획에 대한 관계를 의미한다. 정면의 회랑은 소비자들에게 물건들을 어디서 찾을 수 있는지를 알려주는 지도와 같은 역할을 한다. 그러나 미디어가 만든 꿈같은 생활이 손쉽게 이뤄질 것만 같도록 하는 시간적 시퀀스에 주요한 사건들을 상징하는 것 또한 이 정면의 이미지이다. 동시에 모든 의미들이 진부해 보일 만큼의 장소성(a sense of place)을 제공한다. 이 showroom에서 우리는 형이상학적 에이도스를 찾는 것이 아니라 미디어가 만든 꿈이라는 "본능"을 쉽게 찾는 것이다. 이어서 이 작품은 세계(2)와 그 기호의 구조적 체계를 표현한다. 광고의 경제학에 숨어 있는 힘을 지닌 문화가 창조한 인위적인 세계의 또 다른 기호를 반영하고 나타낸다. 그 기호는 소비지상주의의 상징이나 기호들을 통해 창조된 권력이라는 환상에 의존하고 있다.

2.2 세계(3), 세계(4), 침묵과 건축

우리가 작업장에서 한 도구를 사용할 때, 그 도구는 투명해지는 경향이 있다. 다시 말해 우리는 그것을 전혀 인식하지 못하게 되는 것이다. 여기서 다루는 것은 대상도 아니며 주제를 반영하는 의식도 아니다.[6]

> 자신과 세계는 모두 하나의 존재, 현존재(Dasein)로 속한다. 자신과 세계는 주체와 세계가 나뉘는 것처럼 두 개의 존재가 아니다. … 그러나 자신과 세계는 세계-내-존재(being-in-the-world)의 구조가 지닌 단일성 안에서 현존재 그 자체로 기본적인 결정체이다.

하이데거의 현존재에 대한 개념에 따르면, 대상과 세계에 손-안에-있음의 감각을 적용한다면, 우리의 활동에 따라서 우리의 가능성을 지닌 세계를 덮을 수도, 활동의 맥락이 시작되는 환경에 숨겨진 가능성을 드러낼 수도 있다고 말할 수 있다.

---

6 Martin Heidegger, *The basic Problems of Phenomenology*, trans. and intro. by Albert Hofstadter, Bloomighiton, Indianapolis, Indiana University Press, 1988, p. 297.

예를 들어서, 한 농부가 간단히 신발을 신는다. 하지만 이렇게 신는다는 것은 처음 보았을 때만큼 간단한 것은 아니다. 저녁에 고되지만 건강한 피로와 함께 신발을 벗고, 새벽녘에 다시 신발을 신으려 하거나 쉬는 날에는 신발을 지나칠 때, 농부는 전의식적으로(pre-consciously) 신발의 모든 가능성을 열어젖힌다. 신발의 이러한 도구적 질(quality)은 사용성(usefulness)에 있다. 그러나 이 사용성 그 자체는 도구적 존재의 본질이 지니는 투명성에 놓여 있다. 이는 주제상의 의식적인 인식 없이 농부에게 달린 것이다. 뭔가를 인지한다는 것은 인식상의 게슈탈트(형태)로, 즉 한 영역 내에서 직접적인 윤곽을 지닌 형태로서 나타나는 것이다. 하지만 도구는 투명하다. 우선적으로 그것은 실용적인 "대상"이기 때문이다. 왜냐하면 도구가 사용되는 그 작업까지 확장되는 적응력과 도구가 조작하고 다룰 수 있는 대상이기 때문이다.

그러나 우리의 실존적인 투영이 고정되거나 중요한 염려(concern)에 궁극적 감을 주는 것은 오로지 가능성의 통합된 장(field)뿐이다. 즉 "세계성의 존재론적-실존론적 개념"인 세계(4)이다. 하이데거에 따르면 이러한 종류의 인식은 "비-은폐성"이다. 궁극적 감을 드러낸다는 것은 장인술(crafts)의 목적이며 이는 작업장 전체의 기능을 둘러싸고 있다. 이러한 맥락에서, 물질적 세계와 인간 간의 발전의 실용성에 관한 관심인 '존재와 시간'의 인류학적 의미는 쉽게 포착된다.

그러나 장인술과 반대되는 예술은 무엇인가? 예술을 이해하기 위해서 먼저 예술 작품과 도구의 차이점을 알아야 한다. 그 차이점은 이미 만들어진 재료의 단계에서 인식될 수 있다. 장인술의 경우, 도구의 사용성과 기능성에 따라 결정된다. 도구는 그것이 지니는 조력의 관계로 들어간다. 예를 들어서, 직물 도구에 돌도끼가 사용되고, 닳아 없어졌다. 그것은 사용성이 사라진 것이다. 장인술에서, 재료는 덜 완강하고, 덜 눈에 띄고, 덜 거슬릴수록 더 좋고, 더 적합하다. 그것이 해야 하는 일련의 작업과정에서 말이다.

이와 대조적으로 예술 작품은 물질을 사라지게 하는 것이 아니라 오히려 더 명확하게 한다. 예술은 재료가 작품에서 시작된 세계의 체계에 이를 때에, 재료를 바로 처음 그 재료 그 자체로 돌아가게 만들기 때문이다. 신전의 토대가 되는 바위는 신전을 세우면서 자신으로서 버티게 된다. 따라서 바위는 명료하게 바위가 된다. 마찬가지로 금속은 반짝이다가 희미해지고, 색은 작열하고, 음색은 노래하며, 단어는 말해진다.[7]

앞선 설명에 따라서, 예술 작품은 세계(1)이나 세계(2)에 속할 수 없다. 다음 장에서 볼 수 있겠지만, 하이데거는 세계(1)이나 세계(2)로의 귀속을 제외시켰다. 그러나 이 귀속은, 예술과 비평이 개념적 세계 속에서 선택적 관계에 의해 그들 스스로를

---

7 Poetry, Language, Thought, P. 46.

통제하는 한에 있어서는, 지속적인 예술과 비평을 지속적으로 유혹한다. 행위 체계에서 우연성이 물질로서 고갈되는 조건, 혹은 열린 창조적 과정에서 빛나게 만들어지는 조건에서만 세계에 대한 근본적인 의식의 가능성, 세계(3)이 '실현될 수' 있는 것이다. 하이데거의 이 '실현'될 수 있다는 의미의 궁극적인 탐험에서 '언어'로서 존재의 움직임이—비교적 제한된 작업의 경험을 통해서가 아니라 예술적인 창조성을 통해 존재한다는 접근에서—지니는 의미를 보다 명확하게 만든다. 동시에 그는 대지의 명백한 침묵을, 창조로부터 그것의 은폐를, 기술의 세계에서 재료의 뚜렷한 침묵을 더 명백히 한다. 세계(4), 즉 존재론적-실존론적 세계와 그 전통들이 말없이 소심한 것들로만, 그것들의 누적으로만 치부될 때 말이다.

3

세계의 패러다임과 건축적 해석

3
세계의 패러다임과 건축적 해석

3.1 서론: 세계의 패러다임과 건축적 해석

건물 형태의 의미는 건축 비평가와 건축 역사가들이 각각의 해석 방식에 따라 다르게 파악한다. 해석 방식은 세계 패러다임, 즉 선택적이고 조작 가능한 관계성에 의해 좌우된다. 이론가와 역사가들은 건축가들의 작품보다는 해석방식을 이해하여 건축 형태의 의미를 설명한다. 이러한 경우에 건축가 제각각의 건축 형태에 대한 이해방법은 그들이 세계를 어떻게 바라보는가, 즉 세계 패러다임 혹은 그들의 조합에 연결되는가에 치중한다.

그러나 세계(3)으로부터 기원한 창조적인 건축 작품은 세계(2)와 연관이 없다. 다시 말해, 세계 패러다임으로부터 기원한다면, 개념적으로 지배할 수 없을뿐더러 풍부한 세계를 드러낼 수 없다는 것이다. 비평가가 창조적 건축 작품을 세계 패러다임을 통해 바라보면, 작품 그 자체는 세계 패러다임이나 그들의 조합의 예시로 격하될 뿐이다. 이렇게 작품을 격하시키는 사

례로 빈센트 스컬리가 프랭크 로이드 라이트를 유기주의자라고 평가한 것을 꼽을 수 있다.[1]

> [구겐하임 미술관]의 모든 것은 유기적인 전체를 향해 흐른다. 왜냐하면 공간이 모든 것을 지배하기 때문이다. 이 미술관에서 시간을 무너뜨리는 나선형 경사는 외관을 바깥으로 부풀게 한다. 그리고 계속해서 콘크리트 표면은 페인트를 덧입혀 그 재료의 무게감을 없앤다. 따라서 "물질이 아니라, 공간"은 전체적 "실재"가 된다. … 구겐하임 미술관에서는 소원 성취의 환경을 완전히 표현한다. 이 환경은 모든 것이 함께 흐르며, 그 어떤 개별 행위도 가능하거나 필요하지 않다.

구겐하임이 세계 패러다임에 근거하지 않고 개념적으로 지배할 수 없는 계속해서 변하는 세계에 바탕을 둔다면, 즉 세계(3)에 근거한다면, 위의 스컬리의 추측은 창조적인 작품을 격하시킨다. 이 작품은 단순한 유기주의적 관념의 표현이라고 볼 수 없는데도 말이다. 세계 패러다임과 존재론적 차이점, 하이데거의 용어를 사용하자면 세계(2)와 세계(3)의 차이점, 즉 개념화

---

1 *Modern Architecture: The Architecture of Democracy*, p. 32.

된 세계와 창조적이고 개념적으로 구조화할 수 없는 세계의 존재론적 차이점을 이해할 수 있다면, 우리는 스컬리의 추측이 옳은지 그른지 판단할 수 있다. 따라서 건축가, 건축 이론가, 건축 역사가에게 매우 중요한 것은 세계 패러다임을 언급하는 것이 아니라 세계(3)을 이해하는 것이다.

듀이와 벤틀리 및 페퍼는 뉴턴과 아인슈타인의 관점과 같은 물리학의 극적 변화에서 생물학과 사회과학의 지식과 인식론의 상태를 고찰하였다. 이에 따라서 그들은 물리학, 생물학, 사회과학의 연구와 이론에서 함축적인 철학적, 메타이론적 추정들을 조사하고, 학술적 조사와 관련된 대안적 접근 방식 및 가설을 분석한다. 듀이와 벤틀리는 대안적 접근방식을 자기 행위, 상호작용, 교류로 범주를 나눈다. 한편 페퍼는 그가 형식주의, 기계주의, 유기주의, 맥락주의로 설명한 4가지 범주들을 보여준다. 좀 더 최근에, 알트먼과 로고프는 이 모든 세계관을 심리학에 적용하고, 네 가지 심리학적 유형으로 나누었다. 특성, 상호작용, 유기적, 교류적. 추후 논의되어야 할 것은 페퍼의 관점이다. 왜냐하면 건축 이론가들과 건축 역사가들이 페퍼의 세계 패러다임(형식주의, 기계주의, 유기주의, 맥락주의)을 듀이와 벤틀리, 알트만과 로고프의 패러다임보다 더 많이 참고하기 때문이다.

페퍼의 4가지 세계 패러다임은 저마다의 방식으로 건축 형태에 접근한다. 따라서 각각의 세계 패러다임들이 어떻게 건축 형태를 정의하는지 알 필요가 있다. 물체들의 패러다임적 관계는 항상 세계 가설(world hypothesis)을 포함한다. 그래서 또한 명백한 건축 형태와 창조적 세계의 건축 형태 간의 분명한 존재론적 차이점을 이해할 필요가 있다. 전자는 페퍼의 세계 패러다임과 연관되어 있으며, 후자는 하이데거의 세계(3), 창조적인 세계와 연관이 있다. 이것은 다음 장에서 자세히 설명할 것이다.

3.2 형식주의와 건축적 해석

페퍼가 말하는 형식주의에서, 이상적 형태(자존, subsistence)는 지속(시간의 본질)과 공간의 확장성(공간의 본질)으로 구성되어 있다.[2] 모든 구체적인 형태(존재자)라면 가지고 있는 것처럼 보이는 지속은 연속성과 동시성으로 합치기에 적합하기에 "물리적 시간"이라 일컫는 넓은 범위의 형태와 연대

---

2 "추상적 사고나 건축, 회화의 일부에서 우리는 모든 시간에 빨려들어 가는데(absorb), 우리는 우리가 앉아 있거나 건축이 생겨난 곳을 '잊기'에 우리는 언뜻 보기에 시간적 특성을 지니나 어떠한 공간적 특성도 지니지 않는 사건들을 경험하는 것처럼 보인다." 다음을 참고. *World Hypothesis*, p. 172. 우리가 건축 작품을 바라볼 때, 우리는 공간적 관계들, 즉 우리의 자리에서 입구까지, 방의 벽까지의 관계를 이해하기에 앞서 그 추상적 특성들에 빨려들어 간다. 이러한 경험은 '공간적 확장성'이라 부를 수 있는 것이다.

할 수 있다. 공간의 확장성의 경우는 '물리적 공간'이다. 물리적 시공간의 법칙은 감각적 지속과 감각적 확장성으로부터 분리되어야 한다. 비록 감각적인 것이 물리적 법칙의 증거가 되더라도 말이다. 이상적 형태(물리적 시공간의 본질)는 항상 세계의 특정 상황에 놓이면서 그 순수성을 잃게 된다. 플라톤은 이상적 형태와 불완전한 형태의 관계를 장인의 작품에 관한 논의를 통해 보여준다. 플라톤의 형식주의에서 그 관계를 이해하기 위해서 건축을 예로 들 수 있다. 건축에 관한 이상적 계획(물리적 시공간의 본질)을 지시하는 일련의 자연 조건들이 존재한다. 그리고 여기에는 그 계획을 만들기 위한 물질로 사용가능한 건축적 재료들이 존재한다. 이 이상적 계획(건물에 관한 건축가의 추상적 생각)은 건축가의 기술과 사용가능한 재료들의 한계에 따라서 건물이 실현하는 모범(norm)으로서 나타난다. 이 모범(건물에 관한 건축가의 추상적 생각)은 그 순수함을 잃을 수 있고 혹은 실현되지 않을 수도 있다. 건축가의 기술과 재료에서의 결함은 건축가의 건물을 변이시키고, 그 모범과는 다르게 만들 것이다. 같은 계획에 따라 지어진 건물들은 대체로 유사하게 나타나며, 그 유사성은 계획의 동일성에 기인한다. 하지만 모범은 보통 건물에서 드러나는 것이 아니라 건물을 초월한다.

플라톤의 형식주의와는 반대로, 아리스토텔레스의 형식주의는 자연적 성장을 말한다. 자연에는 장인이 없지만, 그 창작의 근원은 자연에서 나온다. 그러나 자연을 모범이나 이상적 형태로 만들려고 한다. 예를 들어서 참나무는 다 다르다. 그들의 성장환경이 다르기 때문이다. 즉 그들이 다른 시공간의 상황에 있기 때문이다. 그러나 참나무는 이상적 형태에 가까워지고자 한다. 이것이 다른 상황을 초월하는 정수다. 그래서 대부분의 참나무는 불완전한 형태인데, 극소수의 참나무만이 정상적으로 자라고, 참나무의 잠재성을 온전히 보여준다. 그러거나 말거나, 참나무들은 그 순수성을 잃고, 왜곡된다. 그러나 이상적 형태에 따라 초월된다.

형식주의에서 역사는 이상적 형태 그 자체를 꾸준하게 대상으로 삼는다. 따라서 형식주의의 전통은 늘 완벽한 형태에만 치중하고, 오로지 이상적 형태만을 향한다. 이상적 형태는 개념화된 세계 패러다임이기 때문에, 그리고 주체와 객체가 서로 분리되어 있기 때문에, 형식주의는 하이데거의 세계(2)에 해당한다.

건축에서의 신고전주의는 형식주의와 같은 세계관을 지닌다. 신고전주의가 어떻게 형식주의를 건축과 구체적으로 연결되는지는 제프리 브로드벤트의 저서에서 인용한 글이 보여준다.[3]

---

3 Geoffrey Broadbent, "Neo-Classicism," *Architectural Design* vol.49 no.8-9, London, *Academy Editions*. pp. 5-6.

> 휴 오너가 지적하듯, 18세기 후반은 고대로의 회귀를 보여주나, 그 자체가 목적이 아니라, 보다 높은 목적을 위한 수단이었으며, 이는 충분히 역설적이게도, 자연에 대한 진정한 모방으로 볼 수 있는 것이다. 18세기 이론가들에게 '자연'은 현실의, 실제적이며, 진실하며, 진짜이며, 조화를 이루는 '자연스러운 것'을 의미했다. 오너는 자연을 다음과 같이 정의한 왕립아카데미 강의를 인용한다. "… 눈에 보이는 대상들의 보편적이며 영속적인 원리들은, 사고로 훼손되지도, 질병으로 앓지도, 관습이나 지역적 습관으로 변형되지도 않는다. 자연은 집합적인 관념이며, 비록 그 본질은 그 유형의 개별적인 것으로 존재하나, 그 완전성은 단일한 대상에 깃들 수 없다."

또한 브로드벤트는 「신고전주의」라는 그의 글에서 신고전주의 운동을 확립한 이론가인 빙켈만을 인용한다. 그의 대표적 저서로는 『그리스 예술 모방에 대한 사론(Thoughts on the Imitation of Greek Art, 1775)』이 있다.[4]

> 오직 우리가 위대해지기 위해서는 고대를 본보기로

4 Ibid. p. 6.

> 삼아야 한다. 우리가 그렇게 할지언정, 뛰어넘을 수 없을 것이다. … 그리스의 작품을 탐구하는 이들에게, 그리스의 걸작들은 자연과 그 아름다움뿐만 아니라, 그 이상을 드러낸다. 그것은 오래된 플라톤의 해석에서 알 수 있듯, 지성으로만 존재하는 자연의 이상적인 미이다.

몇몇 건축 이론가들은 건축가들에게 형식주의를 적용하면서, 건축 표현의 수수께끼 같으면서도 애매모호함을 열어젖히는 것이 가능하다고 믿었다. 예를 들어서, 데이비드 G. 드 롱은 그의 저작 『루이스 칸: 건축의 왕국(Luis I. Kahn: In the Realm of Architecture)』[5]에서 루이스 칸을 형식주의자라고 은연중에 드러냈다. 드 롱의 추측(칸에 대한 해석이 적절한지에 관해서는 보류하고)을 따른다면, 언뜻 보기에 다의적이고 신화처럼

---

5 “그가 어떤 특정한 문제에서 플라톤의 이미지를 발견하기 전까지, 재료와 장소의 문제들은 그가 『형태와 디자인(Form and Design)』의 이전 판본에서 설명했던 것처럼 부차적인 중요성을 지닌 채로 남아 있었다. “당신이 사용하는 재료는 부수적이다. 그것은 디자인의 문제다. … 강당이라는 것의 현실화는 수단에 존재하거나, 리오 데 자네이루에 존재하는 문제를 절대적으로 넘어선다.” 그는 형태와 디자인을 ‘숟가락’ 대 ‘학교’라는 관념에 알레고리하여 이러한 신플라톤주의적 관점을 보완했다.” David B. Brouwnlee/David G. De Long, Louis I. Kahn: In the Realm of Architecture, New York, Rizzoli, 1991, p. 72.

보이는 책의 구절이 명확하게 보인다.[6]

> 빛은 모든 존재의 근원이며 재료는 빛이 소진된 것이라고 나는 생각한다. 빛으로 만들어진 것은 그림자를 낳고, 그림자는 빛에 귀속된다. 빛에서 침묵, 침묵에서 빛으로. 나는 경계를 느낀다. 그것은 존재하고자 하는, 즉 가능성을 표현하고자 하는 곳이자 영감의 환경이다. 바위, 물줄기, 바람은 영감을 불어넣는다. 우리는 재료에서 아름다움이 무엇인지 처음에는 경이로워 하고, 이어서 알고자 한다. 이는 표현하고자 하는 욕구상의 아름다움의 표현이다. 빛에서 침묵, 침묵에서 빛으로의 교차는 예술의 성역이다. 이 보물상자는 취향도 방법도 모른다. 공동성(commonness)의 진실과 법칙, 질서를 벗어난 법은 여기서 솟아나온다.

"빛은 모든 존재의 근원"이란 것은 무엇인가? 형식주의의 해석에 따르면, 그것은 물리적 시공간의 정수, 달리 말해, 감각의 확장이자 지속이다. 칸은 침묵을 물리적 시공간의 구체적 형태로 가능한 존재라고 말한다. 그렇기에 그는 세계의 구체적

---

6 Louis I. Kahn, "Architectyre: Silence and Light," *Louis I. Kahn: Writings, Lectures, Interviews*, Edited by Alessandra Latour, New York, Rizzoli, 1991, p. 248.

인 형태와 이상적 형태의 "경계"를 느끼는 듯하다.

드 롱의 칸에 대한 해석을 따르면, 칸은 이상과 구체적 형태 사이의 관계를 깔끔하게 이해한 것으로 보인다. 실제로 칸은 다음과 같이 말한다.[7]

> 건축은 존재를 지니는 것이 아니라 정신의 실현물로서 존재할 뿐이다. 건축 작품은 그 정신의 본질을 반영하는 것을 제공함으로써 만들어진다. 혹자는 회화, 조각, 문학의 영역도 마찬가지로 정신 속에서, 즉 친숙하지 않은 작품이 드러내는 본질 속에서 존재한다 할 것이다. '친숙하지 않다'는 말을 사용하면서, 나는 모든 개별적인 태도와 재능에는 특이성이 존재한다는 것을 인식하였다. 하지만 정신의 개별적인 실현 현상은 오로지 같은 정신의 새로운 이미지로만 존재한다. 그렇기에 자연 속에서 형태의 다양성은 보편적인 질서로부터 발전한다.

건축 그리고 회화, 조각, 문학은 정신의 개별적인 실현 현상들이다. 칸의 말에 따르자면, 같은 정신으로부터의 이미지들인데, 이것은 자연 속에서 세계의 구체적인 형태에 대한 다양

7 Ibid., pp. 248-249.

성이 하나의 이상적 형태로부터 발전되어왔기 때문이다.

3.3 기계주의와 건축적 해석

기계주의의 뿌리 은유는 기계이다. 기계주의자들은 세계가 부품이나 요소들로 합쳐진 기계와 같은 것이라고 생각하기 때문이다. 기계로 치부되는 것들은 효율적 관계나 법칙들로 연결된다. 만약 효율적 법칙이 물질의 기계적 영역에서 왔다면, 이 기계주의는 개별적 기계주의로 분류될 것이다. 만약 법칙이 물질의 전자기적 영역에서 왔다면 통합적 기계주의로 분류될 것이다. 최근 기계주의의 동향은 개별적 기계주의에서 통합적 기계주의로 흐르고 있다. 이 움직임에 관해 가장 잘 설명한 것이 물리학자 프리초프 카프라의 1982년 저서, 『과학과 문명의 전환(The Turning Point)』[8]일 것이다.

> 기계주의의 데크르트적 세계관(개별적 기계주의)과는 반대로, 현대 물리학에서 나온 세계관은 유기적이고 전체적, 생태학적인 특징이 있다. 이것은 또한 일반 체계 이론(통합적 기계주의)이라는 의미에서 체계적

---

8 Fritjof Capra, *The Turning Point*, Boston, Shambhala, 1982, pp. 64-65.

> 관점이라 할 수 있을 것이다. 우주를 더 이상 다양한 객체들로 이뤄진 기계로 볼 순 없다. 대신에 우주는 나눠질 수 없는 하나의 덩어리로서, 부분들이 본연적으로 상호관계를 맺는 역동의 전체이다. 이는 우주적 과정의 패턴으로 볼 수 있다. …
> 양자이론에서 '대상들'과 절대 함께 할 수 없으며, 항상 상호관련성을 다루어야 한다. … 그것은 우리가 세계를 독립적인 최소 단위 존재로 분해할 수 없다는 점을 보여준다. 우리가 물질을 꿰뚫어볼 때, 자연은 건물의 고립된 벽돌 하나를 보여주는 것이 아니라, 오히려 통합된 전체의 다양한 요소들의 복잡한 관계망을 보여주는 것이다.

개별적 기계주의에서, 구체적 형태는 이상적 형태로 치환된다. 왜냐하면 자연의 구조적 특성들이 느슨하게 혹은 외부적으로만 관련되기 때문이다. 시간과 공간은 이상적 형태와 분리되어 있고, 각각이 연관되어 있지 않다. 주된 특성들(크기, 모양, 운동, 부피, 질량, 무게, 숫자)은 위치(공간)와 시간의 범위에서 구분된다. 다시 말해, 모든 요소들은 다른 요소들과 구분된다. 왜냐하면 시공간적 구조들이 존재의 특성과 실재의 한계를 만들기 때문이다. 개별적 기계주의의 핵심 생각을 페퍼는 아주 잘

설명한다.[9]

> 시간은 공간에 대한 어떤 언급 없이도 진실되게 설명되고 가리킬 수 있는 것이다. 공간의 지점이나 위치도 다른 어떤 지점에 대한 언급이 없이 가능하다. 모양, 구조, 원자의 질량도 시점이나 장소에 대한 언급 없이, 하나의 원자도 다른 원자의 언급 없이, 그리고 그 반대로도 가능하다. … 만일 이러한 원자가 다른 시간대에 다른 어떤 곳에서 생겨난다면 (그리고 왜 그렇지 않은지 이유를 설명할 필요도 없다면), 이어서 그 원자에 부딪칠 일도 없을 것이다. 아니면 만일 변화하지 않는 물체들에 대한 관성의 법칙 대신 가속이나 감속의 법칙이 존재한다면(존재하는 것이 당연함), 마찬가지로 이러한 충돌은 일어나지 않을 것이다. 하지만 이러한 원자는 이 장소, 이 시간에 생겨났고 관성의 법칙에 지배당하기 때문에, 일어날 수밖에 없는 충돌을 피할 수 없는 것이다.

입자나 분자, 원자는 법칙이나 인간의 욕구, 필요성에 따라 전체로 합쳐지게 된다. 오직 인간만이 자신이 바라는 어떤

---

9 *World Hypothesis*, p. 196.

종류의 기계를 만들 수 있는 능력이 있다. 과학 이론, 건물, 그림, 조각 혹은 우주선 등이 그 예이다.

건축에서, 개별적 기계주의는 체르키노프가 『건축적, 기계적 형태의 구축(The Construction of Architectural and Machine Form)』[10]의 2부에서 설명한 "구조주의의 원리"의 목록과 거의 같다.

> 구조주의의 본질적인 요소들은 구조를 이루는 요소들이 다양하게 만들어낼 수 있는 모든 결합물들로 이뤄진다. 그러므로 다음 요소들의 형식적 관계는 구조주의의 기본 원리로 인지해야 할 것이다; a)부착, b)고정, c)구부림, d)에워쌈, e)설치, f)굽힘, g)결합, h)관통, 기타 등등. 이 근원적 관계들은 본질적으로 단순하지만 이것들은 복합적 결합물은 만든다. 이것은 세련되고 풍부한 형상이기에 우리를 놀랍게 한다. 이 본질적인 정적 관계들의 대체물로서, 역동적 요소의 가능성이 있다. 형식적 구성의 원리들에 대한 지식은 구조주의의 본질의 설명에 도움 된다. 그러나 형태

10 Iakov Chernikhov, *Konstrukstiia arkhitekturnyka imashinkhform*, Leningard, 1931, pp. 93-96. 다음의 저작에서 재인용하였다. "Design Method," *Deconstruction*, edited by Andreas Papadakis, New York, Rizzoli, 1989, p. 32.

> 그 자체에 익숙해지는 데에는 부족하다. 이것보다 더 근원적 원리에 대한 완전한 친밀함이야말로 본질적이다. 혹자는 틀림없이 한 가지 요소의 다른 요소에 대한 결합을 모든 가능한 개별적 변이와 결합으로 연구할 수 있을 것이다.

이 구절은 건축에서의 개별적 기계주의를 정확히 규정하기 때문에 흥미롭다. 체르니코프에게 모든 건축적 요소들은 시공간적 구조에서 서로로부터 구별된다. 여기에는 이상적 형태나 세계(3)에서 생성되는 질적 형태가 더 이상 없지만 각 요소간의 관계에 근거하여 구성된 형태는 있다. 체르니코프를 통해서, 임의적인 요소들이 구성된 형태로 우연히 결합되며, 동시에 인간의 욕망과 연결되며 물리적, 사회학적, 심리학적 법칙으로도 이해할 수 있다는 점을 다시 확인하게 된다.

반대로, 통합적 기계주의에서는 시공간과 분리될 수 없는 입자들은 서로 간에도 절대 분리되지 않는다. 이 입자들이 서로를 필요로 하고, 결정하는 것으로 보이기 때문에, 우연적인 것들은 모두 필연성에 포개져 사라져버린다. 페퍼의 구체적 예시는 시공간적 전체라는 독특한 구조에서 어떻게 시간과 공간이 통합되는지 이해하기 위한 단서를 제공한다.[11]

---

11 *World Hypothesis*, pp. 200-201.

> 예를 들어서, 공간의 끝은 특별한 위치로 여겨져야 할 것이며, 그 공간의 왼쪽 면의 끝으로 결정되지만 너비 차원으로 확장된다. 마치 공간의 부피가 시간을 통해 확장되는 부피와 함께 동일하게 유지되는 것으로 추정되는 것처럼 말이다. 만약 공간의 중심이, 시간에 관계없이, 독자적으로 특수한 위치로 고려된다면, 공간의 끝 또한 독자적인 특수한 위치로 고려되어야 한다. 공간의 너비와 상관없이 말이다. 그러나 반대로, 공간의 말단벽에서 모든 지점도 응당 특별한 공간적 지점으로 여길 수 있다. 따라서 같은 관점으로, 모든 지점-시점은 반드시 응당 장소들의 범주의 항목으로 여겨야 할 것이다. 하지만 그것이 의미하는 바는 장소들의 범위에 달려 있는 것이 무엇이든 한 위치를 결정한다는 것이다. 이것은 위치들의 장소는 통합된 구조 속에 있는 것이며, 이 구조에서 벗어날 수 있는 위치는 없다는 것을 의미한다.

시간과 공간이 시공간적 완전체의 특수한 구조로 융합되는 것과 같이, 원자나 분자의 물리적 입자가 더 이상 독립적 요소가 아니라 위치라는 영역에서 질적인 차이를 지니게 되는 것이다. 만약 이에 따르는 전자나 원자의 움직임을 이해한다면,

원자나 기초적 물리입자들이 복잡하게 포함된 내부 구조의 결정체나 젤라틴의 특성을 더 많다는 것을 알게 될 것이다. 다시 말해서, 다른 질을 가진다는 것이다.[12]

> 전자는 핵에서 한 궤도에서 다른 궤도로 뛰어다니는 것처럼 묘사된다. 다른 중간 매개공간을 거치지 않고 말이다. 하지만 어떤 시간적 장소를 뛰어넘는 것처럼 보이지 않으며, 전자의 고유한 성격은 뛰어넘는 것에 의해 좌지우지되지 않는다. … 모든 영역에서 원자가 존재 안으로, 존재의 밖으로 넘나드는 것 또한 착상가능하다. 그들의 넘나드는 것이 이 영역의 구조에 적합하다면 말이다.

개별적 기계주의는 통합의 근원으로 입자들의 수량을 고찰한다. 반대로, 통합적 기계주의는, 예를 들어 현대 물리학 이론과 같이, 영역이나 에너지의 변화하는 형태에 집중한다. 기계주의가 제안하는 것은 질량과 영역이 상호 변화될 수 있다는 것 그리고 원자나 기초적 물리 입자가 에너지와 활동에 있어 일시적이 변하는 연결체로 보인다는 것이다. 따라서 기계주의에는 법칙이 없다. 그저 시공간적 영역에서 구조적 특성의 변경만 있

---

12 Ibid., p. 203.

을 뿐이다. 이런 변화하는 패턴을 기술적 법칙이라고 상징적으로 약칭하는 것으로 구성되거나 표현된다.

이러한 통합적 기계주의는 지그프리드 기디온이 수학자 헤르만 민코프스키를 인용하면서 건축에도 적용이 된다. "'공간 혼자서, 혹은 시간 혼자서는 그저 그림자로 사라질 운명일 뿐이다. 오직 둘의 연합만이 그들의 존재를 보존해 줄 것이다.'"[13] 기디온은 통합적 기계주의(특히 시간과 공간의 조합이란 개념)를 르 코르뷔지에의 사보아 주택에 적용하려고 한다.[14]

> 사보아 주택을 하나의 과정으로 이해하는 것은 불가능하다. 정말로, 그것은 시공간의 구축이다. 저택의 본채는 모든 방향에서, 위아래, 안팎으로 비어 있다. 어느 점에서의 단면이든 내부와 외부의 공간이 서로를 관입하여, 불가분의 관계임을 보여준다.

같은 정신을 공유하는 캐서린 쿡도 세계의 패러다임이 개별적 기계주의에서 통합적 기계주의로 변화한 것을 함축하면서 「러시아의 선각자들(Russian Precursors)」이라는 글을 시작

---

13 Sigfried Giedion, *Space, Time and Architecture: the Growth of a New Tradition*, Cambridge, Harvard Univ. Press, 1973 (Fourth Printing), p. 443.

14 Ibid., p. 529.

한다.[15]

> 물리학[통합적 기계주의]의 발전은 정보 통신, 정보 시스템, 기술에 혁명을 일으켰다. 앞서 새로운 사고로의 길을 열기 위해 데카르트의 분할[개별적 기계주의]을 부정했다. 여기서 러시아 아방가르드의 실험과 성취가 분석되며, 물리학적일 뿐만 아니라 지속적인 변화의 대상인 세계에 대한 형이상학적, 철학적 함축까지도 받아들이기 위한 그들의 노력을 보여주는 것이기도 하다.

쿡은 다음 인용문에서 구조주의는 개별적 기계주의에 근간하며, 해체주의는 통합적 기계주의에 근간한다고 단언한다.[16]

> 결정론적 논리 구조주의자들이 그들의 건축 설계 접근 방식의 정수라고 보았던 것은 선형이다. 이것은 분명히 건축을 어떻게 설계할 것인가 혹은 사회에서 건축이 기능적으로 작동할 것인가에 대한 패러다임

---

15 *Deconstruction*, p. 11.

16 Ibid., p. 12.

> 이 더 이상은 아니다. … 콘스트룩시아(konstruktsiia)가 의미하는 구조주의의 관념에서 내가 말할 수 있는 것은 해체주의가 왜 정보 기반 사회의 자연발생적인 현상이라는 것을 이해하는 데 도움이 된다는 것이다. 즉 거의 모든 영역을 고찰하여 그 경계를 재정립하기 위해 체계적으로 분석하여, 물질이 실제로 구성된 방법에 대해 꽤나 다른 관념[통합적 기계주의]이 있는 곳에서는 자연발생적인 것을 이해하는 데 도움이 된다.

그렇다면, 전형적인 해체주의 건축인 베르나르 추미의 라 빌레트 공원은 어떻게 의미를 탈규제하면서 바꾸는 시도를 하는가? 그에 따라 휴머니즘 사상의 도피처로서 건축적 상징의 보물창고를 어떻게 거부하는가? 의미를 규제에서 벗어나게 하고 바꾸는 것은 시공간적 영역의 패턴이 변하기 때문에 가능하다. 의미를 바꾸고, 탈규제하는 것 혹은 건축적 상징의 보물창고를 거부하는 것은 곧 시공간적 영역의 구조적 변화를 분해하는 것이다.

3.4 유기주의와 건축적 해석

유기주의자들이 핵심적으로 믿는 것은 실제상의 모든 사

건이 은폐된 유기적 과정이거나, 드러난 유기적 과정이란 것이다. 전자는 명백함을 위해서 은폐된 것이며 후자는 함축성으로부터 드러난 것을 의미한다. 은폐된 유기적 과정이란 무엇인가? 그리고 함축성으로부터 드러난 유기적 과정은 무엇인가? 이것들을 대답할 수 있다면, 우리는 유기주의의 성질을 쉽게 이해할 것이다.

유기주의에 따르면 경험의 단편적 조각은 함축적으로 나타난다. 모순의 악화로 인해서, 이 함축성은 자연스럽게 유기적 전체에서 명백함으로 이어진다. 유기적 전체는 조각들의 함축성에서 발견되며 일관되고 명쾌한 전체성에 의해서 이 모순적 함축성을 극복하면서 발견된다. 그러나 일관되면서 명쾌한 전체성은 함축적으로 나타나는 단편적 경험들로 이루어지는 것이기 때문에 전체성은 지속적으로 명시성을 향해 진화한다. 페퍼의 설명에서 결국 전체성은 앞으로 향해 가는 점진적인 범주들로 인해서 유기적 전체가 된다.[17]

> 이제 그러한 범주들[점진적 범주들]의 이름을 명명하는 데 이르러야 할 것이다. 우리는 7가지 이름을 붙일 수 있다. 그 이름들은 얼마나 상세히 이론의 해석을 바라는가에 따를 것이다. 그것들은 … 유기적, 통

---

17 *World Hypothesis*, p.283.

> 합적 과정과 성취라는 특징을 지닌다. 이는 다음과 같다. (1)단편적 경험들로 나타남 (2)함축의 연결성 혹은 관련성을 지님 (3)모순, 결함, 대립, 반작용 (4) 유기적 전체의 해결에서 악화되는 결과로 이어짐 (5) 유기적 전체는 그런 단편들에 함축되는 것으로 발견됨 (6)일관적 전체성으로 인해 이전의 모순들을 초월 (7) 단편적 경험들의 본모습들을 잃지 않고 축적 및 보존.

이 점진적 범주들은 건축 이론과 건축 역사에서도 손쉽게 찾을 수 있다. 예를 들어, 스콧 엘리엇은 비올레 르 뒤크가 고딕 건축에 문제를 제기하고 그 함축적 특징들 일부를 현실화하였다고 생각한다. 마찬가지로, 엘리엇은 비올레의 의식, 즉 고딕 정신이 여전히 프랭크 로이드 라이트와 안토니오 가우디 같은 일부 건축가들에게서 여전히 살아 숨쉰다고 강조한다.[18]

> 비올레의 이론은 고딕 양식에 대한 그의 구조적 해석에 바탕을 둔다. 그러나 그는 건축을 그 시대와 장소에서 평가하고자 노력했다. 고딕 건축의 정해진

---

18 Scott Elliot, *Frank Lloyd Wright and Viollet-le-duc: Organic Architecture and Design from 1850 to 1950*, Chicago, Kelmscott Gallery 1986, p. 8.

> 요소들을 철과 주철로 과감히 바꾸면서 철골구조의 발전 기반을 마련했고, 이는 근대의 마천루를 예견한 것이다.

이와 유사하게 앨런 코쿤은 비올레를 독일 낭만주의의 추종자로 여기고 그가 말한 것을 다음과 같이 인용한다. "누군가가 식물의 잎을 볼 때, 잎으로부터 식물 전체를 연역하는 것처럼, 동물의 뼈로부터 동물 전체를 연역하는 것처럼, 윤곽을 보면서 누군가는 건축의 일부를, 그 일부로부터 불후의 작품을 연역한다."[19] 이러한 유기적 유사성을 보다 명확하게 설명하기 위하여, 코쿤은 A.W. 슈레겔의 연극 강의에 나타난 유사성을 보여준다.[20]

> 형태는 … 그 본질에 대한 아무런 관계없이 질료가 우연적인 첨가물로 전해질 때 기계적이다. … 그와 반대로, 유기적 형태는 본질적이다. 이는 그 자체를

---

19 Alan Colquhoun, *Modernity and the Classical Tradition: Architectural Essays 1980-1987*, Cambridge, The MIT Press, 1991, p. 66.

20 A.W. Schlegel, *Über Dramatische Kunst und Literatur*, 2nd ed. Heidelberg, 1817, III, p. 8; cited by Rene Wellek. *A History of Modern Criticism*. Cambridge:1981. vol 2, p. 148; also cited by Alan Colquhoun. ibid., p. 66.

> 스스로 열어젖히고, 그의 확장성과 동시에 그 씨앗의 전체적인 발달을 지닌다. … 진정한 모든 형태는 유기적이며, 즉 예술 작품의 내용으로 결정되는 것이다. 간단히 말해, 예술은 오직 암시적인 외형일 뿐이며, 즉 모든 것을 드러난 외모로 말하는 것으로 … 숨겨진 본성에 대한 실마리를 지닌다.

코쿤은 비올레의 함축적 형태 중 일부는 20세기의 아방가르드 아르누보에서 활력론이라 불리는 유기주의자들의 과정에 의해서 실현되었다고 주장한다. 즉 시카고파 건축가들인 루이 설리반, 프랭크 로이드 라이트에 의해서 말이다.

여기서 전통이 지속적이며 수동적으로 전해지기 때문에, 유기주의가 역사적으로 연속된다는 것을 알 수 있다. 그러나 세계 패러다임은 관계들의 명확한 통합을 위한 과정일 뿐이다. 왜냐하면 전통의 흐름은 유기적 전체 혹은 절대적 형태에서 실현되기 때문이다. 따라서 인간(주체)은 세계(2)의 유기적 형태에 의해 지배당한다.

만일 후설의 관념론적 글을 유기주의를 통해 읽을 수 있다면, 『기하학의 기원(The Origin of Geometry)』[21]이라는 다음

---

21 Edmund Husserl, "The Origin of Geometry," *The Crisis of European Sciences and Transcendental Phenomenology*, trans., by David Carr, Evanston, Northwestern University Press, 1970, pp.

의 글에서 설명하는 것처럼, 그가 인간의 전통(역사)를 유기적 과정으로 이해하려 한다는 것을 알게 될 것이다.

> 우리 인간의 실존은 셀 수 없는 전통들 속에서 움직인다. 전체적인 문화적 세계는, 그 모든 형태에서 전통을 통해 존재한다. 그런 형태들은 단순히 인과관계로 나타나는 것이 아니다. 마찬가지로 우리는 전통이 인간에게 주어진 상황이 아니라 인간의 활동을 통해, 다시 말해 정신적으로 정확한 전통을 알고 있다. 전통의 특정 기원과 전통이 초래한 정신적 원천에 대해 아는 것이 없더라도 말이다. 그럼에도 불구하고, 어디서나 본질적으로 있는 이러한 지식의 결핍에는 함축된 지식이 있다. 이는 또한 명백해질 수 있다. 따라서 견고하면서 자명한 지식이다. 이것은 피상적인 진부함에서 시작되는데, 예를 들어, 인간의 행위에서 비롯된 전통적인 모든 것들, 그에 따라 존재한 과거 인간과 인간의 문명, 그리고 그중에서도 그들의 개척한 자, 즉 손안의 재료가 없이도 혹은 생 날것이나 정신적으로 모양을 갖춘 것이 없이도 새롭게 창안한 이를 꼽을 수 있다. 그러나 피상적인 것으로부터, 어떤

354-355.

> 것은 깊어질 수 있다. 전통은 보통 질문을 지속적으로 받는다. 그리고 만일 누군가가 질문의 방향을 꾸준히 유지한다면, 무한한 문제들이 열린다. 그 문화의 감각과 어울리는 정확한 해답을 가져오는 문제들 말이다.

이러한 후설의 구절이 전반적인 존재론적 유기주의를 말한다고 이해한다면, 건축 작품을 포함한 모든 문화적 형태가 "인간 행위를 통해 우리 인간에게 주어진 상황, 공간에 나타난" 전통을 통해 스스로 창조된 것이라 결론을 내릴 수 있을 것이다. 이러한 관점은, 모든 건축적 형태들은 서로가 관련성을 지니고 전통을 만들어낸다는, 초기 하이데거의 사상을 비롯한 맥락주의와는 반대된다. 이 책의 핵심은 건축적 형태가 인간과 대상 사이의, 즉 주체와 객체의 인과관계로부터 나온 것인지 아니면 전통의 자기창조로부터 나온 것인지에 대한 의문이다.

3.5 맥락주의와 건축적 해석

맥락주의는 간단한 예시를 통해 논의해야만 한다. 페퍼에 의하면 맥락주의의 뿌리 은유를 만족스럽게 나타낼 수 없기 때문이다. 왜냐하면 형식주의의 뿌리 은유인 유사성, 기계주의의 기계처럼 잘 알려진 상식적 개념으로 다가갈 수 없기 때문이다. 맥락주의를 설명하거나 명확하게 보여주기 위한 최고의 예시는 하이데거가 말한 도구의 일시적인 고장의 개념이다. 일부 도구에 장애 혹은 고장이 발생하고 혼란을 야기할 때, 도구와 인간의 다양한 관계가 드러난다. 예를 들어, 내가 못을 박기 위해 사용하는 망치는 너무 크거나 무거우면 못을 박을 수 없다. 또한 적합한 망치를 구하지 못할 때, “목적을 수행하기 위한(in-order-to)”의 “수행해야 할 본질적인 것(망치의 경우, 못을 박는 행위)”은 “이 일을 향함(선반을 고정하기 위해 벽에 못을 박는 행위)”이 혼란에 빠지게 되는 것이다. 이는 작업장에서 망치의 다양한 관계가 눈에 보이기 시작하는 것이다.

만약 망치의 고장을 일반화한다면, 다음과 같은 사례들을 들 수 있다. 어떠한 습관적인 행위나 사건이 맥락(행위나 경험의 통합과 융합)에서 장애가 생기거나 방해받는다면, 그 다양한 관계들이 나타난다. 따라서 행위를 맥락으로부터 분리시킬 수 없다는 점을 깨닫게 된다. 이 때문에 페퍼는 “행위나 사건은 본원적으로 복합적이며, 끊임없이 변화하는 양상을 지닌 상호관련된 활동들로 이루어진 것”이라고 말한다.[22] 다시 말해, 새로운 행위나 사건이 맥락으로 통합되고 융합된다. 이미 통합된 그리고 융합된 행위와 경험 모두의 맥락으로 말이다. 우리가 새로운 행위나 사건이 맥락으로 통합되고 융합되는 것을 바라볼 때,

22 *World Hypothesis*, p. 233.

그리고 전체와 통합적 특성을 꿰뚫어볼 때, 우리는 그 특성을 사건과 행위의 질(quality)이라고 부른다. 페퍼는 그 질(quality)과 질의 결(texture)을 다음과 같이 정의한다.[23]

> 일반화해서, 주어진 사건의 질은 꿰뚫어 보이는 전체성 혹은 총체적 특성이다. 결은 질, 그 특성이나 질을 이루는 세부사항 및 관계들이다. 질과 결은 별개의 것이 아니다. 서로 다른 사건들에서 둘 중 하나가 더 두드러지더라도 그 사실은 변치 않는다.

페퍼의 맥락주의에서 행위나 사건이 일시적으로 고장 혹은 장애가 발생할 때, 그것의 다양한 관계(맥락 속에서 모든 사건에 의해 만들어지는 양식)가 드러난다. 그리고 그 장애는 다른 새로운 행위로 대체되고 그것이 맥락 속으로 통합된다. 이 새로운 행위나 경험은 바뀐 맥락의 새로운 질을 지닌 새로운 패턴으로 나타난다고 할 수 있다.

맥락주의란 이 세계 패러다임은 어떻게 건축에 적용되는가? 에밀리오 암바스의 글 「루이스 바라간과 산 크리스토발의 주택과 아틀리에(House and Atelier for Luis Barragan and San Cristobal)」에서 어떻게 맥락주의가 바라간의 건축에 적용되었

---

23 Ibid., p. 238.

는지를 알 수 있다. 암바스는 보이드(void), 솔리드(solid) 그리고 빛에 대한 바라간의 해석 패턴을 다음과 같이 묘사한다.[24]

> 멕시코 건축은 자기성찰적 태도로 강한 바람, 햇볕, 폭우의 물리적 기후환경에 대응해왔다. 그러면서도 안마당(파티오) 그리고 격리된 정원의 내부 세계를 통해 닫힌 형태를 만들었다. 이러한 건축의 형식적 요소들은 보이드와 솔리드의 상호작용을 포함한다. 안마당과 실내의 방들로 인해서 말이다. 이러한 전통에서 보이드의 역할은 빛을 위한 채광 구멍이며 동시에 다른 솔리드들은 통합해주는 연결체이다.

여기서 멕시코의 건축은 분리된 요소들, 즉 기계주의의 관점으로는 해석될 수 없다는 것을 알 수 있다. 왜냐하면 그 물리적 환경(강풍, 햇볕, 폭우)과 주민들이 상호 관입하고 있기 때문이다. 멕시코 건축은 오로지 "인간의 활동을 꿰뚫는 인간의 공간"으로서만 이해할 수 있다. 마찬가지로 우리는 멕시코 건축의 솔리드, 보이드, 빛의 상호작용 혹은 상호관입이 전통적 양식의 흐름 속에 합쳐지고 융합되었다는 점도 간접적으로 알게

---

24 Emilio Ambasz, "House & Atelier for Luis Barragan and San Cristobal," *Global Architecture*, Tokyo, A.D.A. Edit, 1979. p. 6.

된다.

암바스는 멕시코 건축의 보편적인 특성에 빗대어 바라간의 건축을 이해한다.[25]

> 바라간은 보이드를 위한 유사한 역할들을 인지하였을 뿐만 아니라 안마당의 네 방향을 규정한 솔리드의 일부를 제거함으로써 보다 강력하고 역동적인 특성을 나타내기 위해 보이드를 내세운다. 더 나아가, 한때 보이드를 규정한 솔리드들은 벽으로 바뀐다. 따라서 그 벽은 안마당 및 그 안에 거주하는 삶을 둘러싸는 대체물이 된다.

바라간의 행위, 즉 그의 작품은 일상적이고 습관적인 행위들(과거를 답습만 하는 건축물)을 변환하는 행위이다. 이러한 그의 행동 덕분에, 습관적 행위들이 막히게 되고 새로운 질(새로운 패턴)이 복원된다.

맥락주의의 진정한 의미를 이해한다면, 암바스의 애매모호한 표현과 문장들의 다음 구절의 이면을 정확하게 꿰뚫어 볼 수 있을 것이다.[26]

25 Ibid., p. 6.
26 Ibid., p. 4.

> 바라간의 건축적 구성과 그의 재료 및 색감이 지닌 감성적 특징들의 강력한 효과는 그의 그림이나 도면으로는 절대 추측할 수 없는 것이다. 오로지 사진과 분위기를 담아내는 텍스트만이 바라간의 건축을 생생하게 만들 수 있다. 그의 구성방법에 대한 구조주의적 면모에만 단순히 한정된 논의는 공허한 학술적 문제라는 결과를 낳을 뿐이다. 바라간은 "서정적 건축"에서 그의 건축이 미에 관한 구원적 책임에서 기원하였다고 믿는다. 신비로운 감정에 의해 상호작용하는 몇 가지 요소들을 고려하였을 때, 극적으로 맑은 바라간 건축의 풍부함은 매우 매력적이다. … 색감은 바라간의 모든 창조물에 스며들어 그 구성요소들을 결합시키는 동시에 또한 각각을 개별적 존재물로 규정한다.

암바스의 구절이 강조하는 것을 페퍼의 맥락주의라는 관점에서 고려해볼 때, 바라간의 건축은 단지 부분들의 총합계일 뿐이다. 그것은 박스를 묶어주는 노끈과 같은 역할도 못 한다. 멕시코의 물리적 맥락의 질, 즉 세계(2)는 바라간의 작품(행위)에서 내재되어 있으며, 그에 따라 질적으로 통찰될 수 있다. 왜냐하면 그의 작품이 멕시코의 환경에 응수하고 있기 때문이다.

페퍼의 맥락주의 관점에서의 고찰에도 불구하고, 여전히 풀지 못한 근본적 질문이 있다. "서정적 건축"이다. "오로지 사진과 분위기를 담아내는 텍스트만이 바라간의 건축을 생생하게 만드는" 바로 그것은 무엇인가? 이 질문은 쉽게 답할 수 없다. 서정적 건축이 임의의 작업장에서 고장 혹은 장애로부터 나오는 페퍼의 실용적인 맥락주의로도, 전체 작업장의 고장 혹은 장애로부터 나오는 하이데거의 손-안에-있음(ready-to-hand)의 간단한 개념으로도 완전한 답을 낼 수 없다. 따라서 이 대답할 수 없는 점이 서정적 건축이 멕시코의 전통, 즉 세계(3)과 깊게 연결될 수도 있다는 것을 암시한다. 이 책의 주요 목적 중 하나인 이것을 위해서 기나긴 여정이 필요하다. 바로 바라간의 서정적 건축의 의미가 어디서 기원하였는지에 대한 탐구이다.

4 모더니티의 시작에서 건축적 형태와 세계

4
모더니티의 시작에서 건축적 형태와 세계

4.1 네 개의 세계와 바로크 건축

이 장은 하이데거의 네 가지 세계 개념을 톺아보면서 시작해야 한다. 이렇게 톺아봐야 하는 이유는 이 장이 세계에 대한 의식(sense)을 탐구하고자 했기 때문이다. 이 탐구는 저명한 이론가와 역사학자들, 예를 들어 빈센트 스컬리, 크리스챤 노베르크 슐츠와 알베르토 페레즈 고메즈가 현대 건축으로의 이행기를 현재의 방식과 의도와 반대되거나 연속되는 선례라는 측면에서 설명하고 있다. 이 고찰의 주된 논점은 노베르크 슐츠와 페레즈 고메즈가 분명히 주장하듯이, 그들의 개념과 범주를 현상학적 또는 실존적인 세계의 의식에 기초하고 있다고 주장하더라도, 그들은 이론상 그 감각과 그 세계를 만드는 상징으로서 예술 작품의 기여에 대해 매우 심각한 오해를 하고 있다는 것이다. 이러한 오해에 관한 비평은, 이 장과 이어지는 장들에서 건축적 미와 형태에 관해 건축의 의미에 대한 해답의 기초로서 도움이 될 것이다.

이 비평들에 관한 몇 가지 사례들이 있다. 이 사례들은 세계 속의 한 인간으로서 건축가들의 세계를 건축의 역사적, 이론적 오해를 만든 주된 요소들이 혼란스럽게 했다는 이전 장의 주장에 관한 것이다. 왜냐하면 서양의 형이상학 및 과학의 발달에 따라 유행한 다양한 인식론적 패러다임들이 개념적인 경계를 만들었기 때문이다. 만약 그런 주장이 옳다면, 그 혼란이 될 수 있는 것은 질적인(정성적) 한계를 지니는 특수한 패러다임들의 이성적인 근거가 인간의 세계를 구성하는 선(goodness)과 창조성이라는 원리를 격하시키거나 혹은 완전히 예속시키는 원천이 될 것이다. [예를 들어서, 형식주의 패러다임의 질적 결정요소인 생명활동이나, 기계주의의 질적 결정요소인 동적 균형이 존재(Being) 및 세계-내-존재의 유효함에서 핵심이자 진정한 특징 또는 그 원천, 정수로 여겨질 것이다.]

따라서 이 장을 시작할 때 적절한 것은 앞선 장에서 명확히 설명한 세계에 대한 의식 중에서도 하이데거가 만든 구분들을 톺아보는 것이다. 하이데거는 『존재와 시간(Being and Time)』의 1부 3장에서, 네 가지의 서로 다른 세계를 확증하고 서로 구별한다. 세계(1)은 눈-앞에-있음(present-at-hand)의 존재들의 온전함을 생생하게 체험한다. 앞서 지적했듯이, 이 온전함은 때때로 과학이 발견한 존재들의 온전함과 동일하다 여겨지는데, 후설이 초기의 현상학적 저서들에서 입증했듯이, 과학자들이 "세계에 관한 자연주의적 관점"을 공유하기 때문이다.

하이데거는 나아가 세계(1)을 있는 것을 그대로 혹은 진정으로, 즉 반성과 심사숙고 없이 경험하는 것이라 한다. 세계(2)는 앞의 하이데거의 텍스트에서 정해진 존재들이 공유하는 존재영역, 또는 눈-앞에-있음에 대한 하이데거의 분석이라는 측면에서, 다른 존재들과 특징을 공유하거나 그렇지 않은 일부가 나타나게 만들어지는 한 정해진 존재들의 존재로서 이해된다. 하이데거는 세계(2)의 사례로 동물계 또는 숫자계를 든다. 세계(2)는 존재론적 방식으로 이해되는데 존재들의 본원적 특징들이 전통적으로 존재론의 확립을 위한, 그리고 결국에는 과학적인 연구 영역이 갖는 한계의 기준이었기 때문이다. 세계(3)은 『존재와 시간』에서, 하이데거보다 앞선 생의 철학에 의한 존재에 관한 생물학적 형태의 이해의 과학적, 현상학적 형태에 의거하여, 모든 활동이 환경과는 분리될 수 없다는 것이 입증된 존재들의 "어디서(wherein)"나 환경으로 이해된다. (주로 현존재이나 어떤 의미에서는 '유기적' 존재이다.) 세계(3)은 하이데거에게 존재론적인데, 순진무구하거나 아무 생각없이 체험하기 때문이 아니라 모든 유기적 존재들이 살아가는 체험에서 분리할 수 없는 일부이기 때문이다. 그런 것에서, 상황에 관여하는 환경의 전유를 의식적, 무의식적으로 외면하는 이유를 결정한다. 이러한 관계는 상황에 대한 실재와 전조적인 통제를 위해 배제된다. 세계(4)는 하이데거에게, 그리고 『존재와 시간』에서 그가 이룬 현상학적 발견과 크게 구분되는 것으로, 세계성(worldhood)에 관한 존재론적-실존적 이해다. 이것은 구조적 이해인데, 현상학적으로 목적의 구조를 내포하면서 궁극적으로는 세계-내-존재의 각각 삶의 기투(보다 큰 목적을 위한, for the sake of)의 형태로 경계가 정해지기 때문이다. 하이데거는 이 세계 개념을 존재론적인 것으로 간주하는데, 그의 연구에서 설명된 존재론적-실존적 경험이라는 의식에 일치시키기 위한 존재론의 개정을 제안하는 한 그렇다.

이 방식은 패러다임을 초월한다. 다시 말해, 그리스, 로마인들의 고전적 합리주의에서 시작되어 서구 사상사의 발전과 함께 점진적으로 발달한 개념적인 틀(패러다임)에 의한 세계를 이해하는 방식을 초월하는 것이 하이데거가 소개한 네 가지 방식이다. 세계(1), (2), (3), (4)의 특징짓기에 앞서, 여기서 또 다시 강조해야 하는 것은 세계에 관한 하이데거적 의식들 중 세 가지가 쿤, 푸코, 페퍼와 같은 지식 이론에서 다양한 전문가들이 인식한 패러다임 개념을 초월한다는 점이다. 의심의 여지가 없는 것은 세계(1)이 살아 있는 체험이지, 패러다임이 아니란 것인데, 세계(1)에 속하는 전체성이 분명히 드러나는 전체성이 아니라, 과학적 추론에서 흔하게 일어나는 것처럼 실제 행위에서 당연하게 여겨지거나 실제 체험에서 실재의 가설적인 설명의 일부로 격상되는 대상들의 총합이기 때문이다. 한편 세계(2)는 존재의 제약된 범위를 명확히 드러낼 때조차도, 그 자체로 전형적인 패러다임 구조로서, 즉 다른 존재들과 연결되거나, 다른 존재들을 포함하거나, 다른 존재들의 활동에 의해 명백해지는 일부 존재들에 의해 본원적인 관계들의 서술적인 구조를 나타낸다. 세계(3)은 패러다임 구조로 간주되지 않는다. 왜냐하면 세계(3)은 그곳에 거주하는 존재의 활동 안에서 드러나는 전-서술적으로 드러나며, 살아 있는 시공간으로서의 발전들을 배열하거나 조정하는, 이미 있어왔던 것에 따른 관련된 행위이기 때문이다. 따라서 세계(4) 또한 어느 패러다임으로도 간주되지 않는다. 여기서 의식적인 계획은 거주하는 경험에서 직접적으로 자라나는 것이다. 그런 거주의 측면이나 양상을 명확히 드러내는 구조는 관계-서술적인 것이 아니라 행위자와 세계의 의식적인 중복 또는 "공통근본"에서 나타나는 것이다. 곧 보게 되겠지만, 하이데거에게 이러한 중복은 모든 관계의 현상학적 뿌리이자 진정한 주거 의식을 관계나 패러다임들의 네트워크로 변형시키는 가능성의 뿌리다.

4.2 스컬리와 바로크 건축: 세계와 상징

이러한 중요한 구분과 열거사항들은 빈센트 스컬리가 근대 건축의 기원에 적용한 개념적 기준에 예리하면서도 중요한 실마리를 준다. 비록 그는 그의 저작 『근대 건축, 민주주의의 건축(Modern Architecture: The Architecture of Democracy)』에서 "근대 건축의 완전한 역사를 감히 나타내지 않는다. 도시 계획 전부를 거의 포함해 많은 것들이 엄격히 배제되었기 때문이며, 그 책은 근대 건축의 역사적 양상을 규정하고, 근대적 생활이라는 측면에서 그 의미를 평가하려는 시도다."[1]라고 밝혔으나, 이러한 방향에서 숙고되는 것은 근대 건축을 전통적인 원천들과 구분하고 한 가지 일련의 개념적 기준들에서 다른 기준들로의 변형이나 대체로서 기준, 그런 선행물에서 "역사적인" 과도기를 규정하는 일련의 개념적인 기준들이다. 스컬리는 그런 개념적 기준들보다 더 근본적이며 그 시작의 기초로 도움이 될 체험을 아주 예리한 구절로 언급한다. "모든 건축처럼, [근대 건축]이 시도해온 것은 인간의 생활을 위해 특별한 환경을 창조하는 것과 인간이 스스로 존재한다고 생각하기를 바라온 것으로서 인간 존재의 사고와 행동을 상상하는 것이었다."[2] 이 구절에서 "특별한 환경"에 대한 언급은 스컬리가 인간 존재의 창조적 행위와 그 행위가 이루어지는 특별한 장소나 환경의 겹침이 모든 건축의 뿌리가 되었다는 점을 전제로 한다는 것을 가리킨다. 또한 그가 전제로 삼은 것은 인간의 반성적 행위와 사고가 "스스로 존재하기를 바라온 것"에 따라 생활의 완전한 기투에서 발전했다는 점이다. 건축으로 인간이 만들어낸 환경을 하이데거의 세계(3)과 동일한 것으로 간주하고, 인간의 기투와 반성적 사

1 Vincent Scully, *Modern Architecture: The Architecture of Democracy*, New York, George Braziller, 1961, p. 9.

2 Ibid., p. 9.

고 및 행위의 장소를 배열하게 "상상하는 것"이 세계(4)의 능동적인 상호관계로 존재하는 실존적인 존재론의 방식과 일치한다고 단언하는 것은 어려운 일이 아니다. 하지만 지금과 이 장의 나머지 부분들에서 설명될 이러한 동일시는 스컬리의 바로크 "체계"에 대한 논의에서도, 다른 중요한 이론가들, 구체적으로는 바로크 및 모더니즘으로의 변형을 설명하고자 시도한 후설과 하이데거의 저작들에 영감을 받았다고 주장하는 노베르크 슐츠 및 페레즈 고메즈에게서도 나타나지 않는다.

스컬리는 근대 건축의 기원을 "바로크적 종합"으로서의 시기보다 앞서는 이행기라고 말한다. 즉 사회-정치적이며 실존적인 측면에서 주로 이해할 수 있는 생활 형태와 대응하여 나타난 바로크적 종합의 시기보다 앞선다고 보는 것이다. 스컬리에 따르면, 18세기 말과 19세기 초 이러한 예술적, 사회정치적, 실존적 종합의 붕괴는 기나긴 위기로 밀려나 1914년까지 이어지는데, 그에게 그 시점은 새로운 전환점이자 근대 건축의 시작점을 이루는 것이기도 하다. 스컬리에게, 바로크적 종합의 해체 시기에 따른 이행기의 위기는 그가 "낭만주의적 고전주의"와 "낭만주의적 자연주의"라고 부른 두 가지 충돌하는 경향의 등장과 투쟁으로 특정지어지는 것이었다. 따라서 스컬리에게 근대 예술과 건축은 하나의 종합이 아니라 바로크에서 생겨난 그 두 가지 단편적 조각들 간의 대립과 충돌을 조화시키기 위한 시도로 보이게 된다.

비록 스컬리는 바로크적 종합을 완전히 분석하지 않으나, 여전히 건축에서 결국 일어날 붕괴로부터 비롯된 그런 성향들의 대비점을 보여주는 일부 기준들을 제시한다. 스컬리에게 처음의 바로크적 종합이 지녔던 것은 전근대 세계에 대응하였던 이미지들에서 "옛날의, 기독교적이며, 전산업적, 전민주주의적 삶의 방식"의 보편적 원천들이었다. 그러한 이미지에 형태를 부여하기 위해 스컬리가 이용하는 사례는 1721-25년 로마의 스페인 계단이며, 이 기념물을 특정지으면서 그는 그 세계와 생활의 이미지를 조금이나마 정확한 것으로 만든다. 그가 설명하는 바에 따르면 계단에 배열된 공간은 명백히 자유로운 것일 뿐만 아니라 교회의 탑을 향해 "보행자의 눈이 움직이게" 해주는 오벨리스크에 의해 사실상 "대칭적으로 집중된 것"이다. 고정된 지점들과의 항구적인 관계에서 이러한 움직임의 뼈대를 맞추는 것은 "전체로서 후기 바로크 건축"의 독특한 이미지로 보이는 특별한 결합에서 질서와 자유를 상징적으로 나타내기 위한 공간-시간적 장치를 구성한다.[3]

『근대 건축』의 이 구절들에서 세부적인 분석이 결여되었다는 것은 스컬리가 근대 시기로의 이행을 논할 때, 두 가지의 문제점을 시사한다. 첫째는 "상상하는 것"을 구성하는 존재들

---

3 Vincent Scully, *Modern Architecture: The Architecture of Democracy*, New York, George Braziller, 1961, p. 11.

및 존재론적 근거들이며 둘째는 관계적 패러다임이라는 측면에서 이행기를 이해하기 위한 기초가 될 수 있는 개념적 기준들을 명확히 구분하지 않았다는 점이다. 스컬리에 의한 이 "상상하는" 과정에서 '바로크 세계'의 복잡성에 대한 거대한 격하가 일어났던 것이다. 이러한 격하에서, 바로크 생활 방식에 깊게 물든 세계에 관한 의식의 구성물들 및 전통에 대한 의식은, 그것이 고전주의를 재창조하고 거기에 다양한 지역적 관심사와 특이성을 덧붙였던 것처럼 단순화되어온 것이다. 그 생활 방식의 사회정치적 구조에 관한 간단한 의식은 간단한 실존적 양상들과 결합되어 왔으며 두 가지 모두 예술적, 건축적 형태의 인과적 원천으로 이용되었다.

바로크 세계의 사회정치적 양상들은 "질서와 자유라는 반대 요소들의 결합"이라는 측면으로 설명된다. 스컬리에게 이 질서는 "절대적으로 확고한 것"이며, 그 정치적 견고성은 카리스마적이고 신의 권위에 대한 순진하고 종교적인 신앙의 잔재와 여전히 연결되어 있다. 하지만 이러한 신앙의 골자가 지니는 견고성은, 암묵적으로는 대립하더라도 일부 개인들을 자유롭게 움직이고 어떤 점에서는 그들의 운명과 타인의 운명까지도 결정하는 가능성에 수반되는 것이다. 이러한 생활 방식의 특징으로 간주되는 자유는 어떤 방식으로든 환상이다. 그 사회정치적 세계에서 경기자들(players)은 "어떠한 여정의 끝이든 알려진 결론을 언제나 찾을 수 있으며" 따라서 "경기는 소란스럽지만 아무도 다치지 않고 모두가 승리한다." 비판적 해석자는 반드시 그러한 신학적, 정치적 개념에서 공간에 대한 보편적 의식으로 벗어나야 할 것이며, 후자로부터 건축적 형태에 대한 의식으로 벗어나야 할 것이다. 스컬리의 간명한 역사적 설명에서 생략된 바로크적 공간에 관한 그의 기술적인 의식에서 보다 급진적인 연구는 생략되어 있으나, 바로크의 건축적 형태는 "넓고 팽창하는 것"으로 설명되며, "이동의 드라마에 대한 열린 초대"를 나타낸다. 이 드라마는 모두 솔리드에 에워싸이면서 솔리드를 에워싸고 통제하는, 조각되거나 구축된 공간이라는 적극적인 것과, 보이드이거나 상상의 공간이라는 소극적인 것 사이의 대립으로 명쾌하게 특정지어진다. "입체들의 모든 조각적 가소성과 인본주의적인 상에 대해 말하자면, 사실상 공간이 설계를 지배하고, 입체들은 전적으로 그 극화에 이용된다."[4]

이행이 일어난 곳은 스페인 계단에 대한 설명을 예시로 들 수 있는 바로크 예술과 건축에 관한 설명과정과 공간에 대한 특별한 개념적 의미이다. 전자는 바로크 예술 양식의 내용물을 구성하는 생활방식으로부터 나왔으며, 후자는 공간의 형태로서 조각적, 건축적 형태 그 자체이다. 이 점에서 크게 강조해야만 하는 것은 예술적 형태 그 자체가 형식(form)이 아니라 인간 환경의 재배치나 재창조라는 것으로, 그 환경이 포함하는 것은 첫

---

4 *Modern Architecture*, p. 11.

째는 예술가 및 그 환경상의 공동체에서 구체화된 성향과 창조적 행위들, 둘째는 변형되고 동화된 자재와 맥락적 구성물들을 지니도록 형성된 상황이다. “형식”이라는 의미에 관한 설명은, 예술적 내용물과 관련해 아래에 제시될 것이다. 지금 오직 필요한 것은 현재 작동하는 (논리적으로는) 통제된 공간적 통찰을 상징하는 기하학 분야에서 형태라는 용어를 적용한다는 제약을 벗어나야 한다는 것을 강조한다는 것이다.

앞에서 지적한 격하와 개념적 이동이 스컬리의 바로크 형태 정의에서 일어난다는 점은 놀랍지 않다. 왜냐하면 그런 격하와 이동은 17-18세기 철학과 미학의 확실한 발전에서 이루어졌기 때문이다. 하이데거가 인간 환경의 공간성에 대한 논의에서 예리하게 지적하듯이, 그 당시 철학자 르네 데카르트는 그 표현들 중 한 가지의 실재성을 범위로서 정의하며, 범위를 실재성의 양식의 단순한 시각화나 눈-앞에-있음과 동반되는 경도, 형태, 운동과 같은 가변적이거나 상대적인 측면에서 규정한다.

범위에 관한 이러한 상대적인 순환 접근 방식은, 가끔 그 자체가 대상의 실존에 대한 충분한 조건을 그리고 때때로는 감각적이거나, 이따금 시각적인 외형에 관한 일련의 결정적인 조건들을 대체하기도 하는 것인데, 하이데거가 지적하듯이 17세기부터 대상의 가능성에 관한 조건을 결정짓는 점에서 수학에 부여된 우세한 역할에서 분명히 드러난다.[5] 형태와 크기의 수학(기하학, 부피측정), 경도와 밀도의 수학(분자, 원자 물리학), 운동의 수학(역학이론)은 정확히 바로크 시대 동안 자연 철학에서 자

---

5 하이데거는 데카르트의 *Principia Philosophie*(Oeuvres, Adam Tannery, Vol. VIII, p. 25)에서 "유형의 대상"에 관한 존재를 지적하는데, 범위로서 후자는 "특별히 한 가지 특성이며 이는 그 특성과 본질을 구성하며, 나머지 전부는 그와 관련된 것"이기 때문이다. 범위에 관한 존재론적 특성에 대해 이러한 프랑스 철학자의 입장으로부터, 하이데거는 세계와 공간에 관한 데카르트의 체험들의 혼란에 대한 결론을 내릴 수 있게 된다. "그러므로 '세계'를 연장 실체(res extensa)로 정의하기 위한 존재론적 근거들은 분명해진다. 그것들은 실재성이라는 관념에 있으며, 이는 그 존재의 의미에서 설명되지 않은 것으로 남아 있을 뿐만 아니라, 설명이 불가능한 것으로 행세하기도 하고, 실질적인 특징은 가장 특별하게는 특별한 실체에 속하는 것은 무엇이든 간접적으로 거쳐 나타나기도 한다." *Being and Time*, p. 127. 데카르트에게 존재와 연장된 존재 간의 이런 혼란의 원인에 대해 하이데거가 설명하는 바는 존재와 일관적인 대상으로서 현재 존재의 방식 간의, 즉 그것은 어떤 것이 인간 그 자체의 존재와 더불어, 세계에 속하는 존재와, 인식의 특별한 유형에 따라 가능할 수 있는 실재 방식 간에 나타나는 앞의 혼란이라는 측면이다. "수학적 지식은 데카르트에게 그 존재가 확실하게 이해될 수 있다는 확신을 항상 가져다줄 수 있는 존재들을 평가하는 한 가지 방식으로 간주된다. 만일 무엇이든 고유한 존재 방식에서 수학적 지식으로 접근할 수 있는 존재 방식으로 측정된다면, 그것은 진정한 의미에서 존재하는 것이다. 그런 존재들은 항상 존재하는 것으로 존재하는 존재들이다. … 이것은 수학이 알려주는 유형의 존재들이다. 수학을 통한 존재에서 다가갈 수 있는 것은 그 존재를 구성한다. 그러므로 '세계'의 존재는 말하자면, 실재성의 개념 속에 가려진 채 남아 있는 존재라는 한정된 관념이라는 측면에서, 그리고 인지되는 그런 존재들에 의한 지식이라는 관념이라는 측면에 몰두하는 것이다. Ibid., pp. 128-129.

연의 형태를 결정하는 역할을 빼앗고자 한다. 바로크 시대 전체에 걸쳐 회화, 조각, 건축 심지어 음악까지도 공간의 예술로서 다루기 위한 시도 역시 등장했다. "라오콘(Laocoon)"에서 시간의 예술인 시와 극, 공간의 예술인 회화, 조각, 건축 사이에서 레싱의 대비는 오로지 예술, 적어도 그중 일부가 공간을 다룬다는 것이라는 이러한 태도만을 확인시켜줄 뿐이다.[6]

일단 특정한 예술과 작품의 적절한 대상으로서 공간적 형태에 대한 이러한 동일화가 이론적으로 확보되었다면, 그 옹호자들에게는 그로부터 이러한 특별한 형태와 문제가 되는 예술의 다양하고 전형적인 그 내용물들 사이의 본원적인 연결성이라는 주장으로 나아가는 것이 가능하다. 그러한 전제들로부터, 혹자는 필연적으로 공간은 물리적으로든 정신적(이상적, 정신적)이든 그 내용물에 대한 지시의 자연적 관계들과 함께 "상징적인 형태"로 존재한다는 결론에 이르게 된다. 기호로서 작용하는 공간의 요소나 형태는 이러한 관점에서 이따금 그 의미와 연관된다고 간주되어온 것이다. 만일 그 연속성이 시각적인 실재를 통해 확증될 수 있다면, 그것은 "표현"으로 이해된 것이었다. 만일 그것이 주로 지적 친밀감을 통해 확증되었다면, 공간적 형태와 그 의미의 연속성은 좁은 의미(때때로는 오히려 감정적

6 G. E. Lessing, *Laocoön: An Essay on Limits of Painting and Poetry*, tr. by Edward A. McCormick, Indianapolis, Bobbs-Merrill Educational Publishing Co., 1962, p. 78.

능력이나 애착의 "표현"을 배제하지 않으면서 수반된다.)에서의 "상징화"로 이해된 것이었다.[7]

여기까지 분명히 드러나는 것은 세 가지이다. 먼저, "조각적 가소성", "솔리드의 인문주의적 이미지"에 대한 스컬리의 언급과 "질서의 자유"의 대립과 조화를 "극화한다는 효과"는 오히려 개념적인 노력이다. 둘째로, 스컬리의 목적에 따라, 공간 예술로서의 건축은 독자적으로 생각된 의미들을 표현하는 것과 상징하는 것 모두를 수행한다는 의견을 재도입하는 개념적 노력이라는 점이다. 마지막으로 정확히 바로크 시기 동안 그것이 표현하고 그리고/또는 상징하는 실재들과 관념이나 이상들의 유형을 자세히 말하는 것이다. 스컬리가 언급한 공간 형태의 미학적 범주들과, 스컬리가 에밀 카우프만(Emil Kaufmann)에게서 일부 차용해 온, 그에 동반되는 질서와 자유의 지적 개념들은 형태와 내용물에서뿐만 아니라 그 결합이 자연적이든 관습적이든 간에 자세히 열거하는 것 없이 스컬리가 모호하게 규정한 의미화된 관계 덕분에 결합된 것이다.

건축에서 의미 문제의 설명은 여기서 간략하게나마 다루어져야 할 것이다. 왜냐하면 앞선 장의 세계의 다양한 의미들

---

7 예술적 기호의, 그리고 그에 항상 통합되는 이미지의 기능으로서 보여주기, 상징하기, 표현하기 간의 구분에 대해서는 다음을 볼 것. E. H. Gombrich, *Symbolic Images, Studies in the Art of the Renaissance II*, Oxford-New York, Phaidon-Dutton, 1972, p. 124.

에 대한 논의에서 보다 구체적인 수준으로 이루어졌을 뿐만 아니라, 스컬리가 전(前)근대 작품에서 근대 작품으로의 과도기를 형태와 내용물의 설명되지 않았던 연속성과 융합이라는 측면에서 설명하려는 시도에서, 건축 작품의 형태와 내용물 간의 관계 문제를 제기했기 때문이다. 이러한 혼동은 정확히 앞서 언급한 형태의 세 가지 기능, 즉 대상의 표시로서의 형태, 관념의 상징화로서 형태, 그리고 감정적 태도의 표현으로서의 형태의 고유한 분리라는 측면에서 시작된 것이다. 앞의 분리는 이러한 두 번째나 세 번째 기능을 혼동하여 자주 생기는 것으로 그런 혼동은 작품의 형식적 측면과 내용으로서 이해되는 작품의 측면 간의 관계를 이해할 때 신비화와 경직성으로 이어진다. 형태와 내용 간의 구분은 결국 작품의 감각적이거나 표면적인 구조와 개념적이거나 심원한 구조 간의 구분으로 환원되고 마는 것이며, 작품을 이루는 여러 구조 중에서 예술적 전체를 고려하며 가장 중요한 구조를 선별하는 결과로 이어진다. 스컬리는 표면적인 것에서 심원한 것으로 역사적 형태 변화가 내용물 자체의 변화에 따라 결정되었다고(자극받거나 단순히 수반되었다는 것이 아니라) 암시하는 것처럼 보인다. 내용상 그런 변화들은, 이전에 나타난 것이든, 동시적이든, 새로운 예술적 형태이든 간에, 형태를 둘러싸고 특별한 아우라를 부여하는 개념적, 감정적 무게로 이해되었던 내용을 만드는 것처럼 보이며, 그것이 예상된 목적으로서 전체적인 성과를 통제하는 한, 또는 그 표현의 발전을 지휘하는 한 작품의 그 두 가지 측면이 가장 중요하다.

예술과 건축에서 형태라는 관념과, 미학에서 형태와 내용 간의 분리와 경쟁은 세계에서 인간 존재의 능동적이며 실존적인 상황에 만연한 창조적, 상상적 태도와는 다소 반대되는 인식적 태도에서 나온 것이다. 단순하고도 상식적인 통념에서, 형태는 작품의 외면적 형태의 양적, 질적 측면을 모두 함께 그러모으는 것으로 보인다. 이러한 의미에서 형태상의 질적인 측면들은 전부 양적인 측면에 의존하는 것이라 말하는 데카르트의 사례처럼, 형태는 주로 양적(기하학적) 강조점을 지니게 된다. 과학과 상식이 공유하는 이러한 인식론적 맥락에서, 형태는 그것의 기호들로서 내용물과 관련성을 지니게 된다. 그런 기호들은 상호간의 관련성이 본원적인 형태가 물리적 실재(데카르트)나 의미를 지니는 형이상학적, 정신적 실재를 함축한다면 자연스러운 것으로 말할 수 있을 것이다. 결국, 기호들은 그 관계가 해석이나 설명으로 뒷받침된다면 관습적인 것으로 간주될 수 있을 것이다.

플라톤주의에서 이해하는 상식을 바탕으로 하는 전통적 지지에서, 내용이나 의미의 실질적이며 인과적 기능에 대한 믿음은 본질주의적인 철학적 태도로 드러난다. 다른 한편, 내용이나 의미의 관습주의적, 파생적이거나 만들어진(추상적) 특성에 관한 믿음에 의거하여 이해하는 상식의 전통적인 지지에서는, 철학적인 유명론적 태도가 나타난다. 형태에 관한 이러한 인식적, 언어적 의미와는 반대로, 하이데거가 우리에게 제시하는 것은 **기호**로서 형태에 관한 의식, 즉 인간 환경은 인간과 세계가 서로 함께 실현되기 위해 서로가 일부의 창조적, 적극적인 지시를 결과로 지닌다는 점이다.

'존재와 시간'의 한 중요한 구절은 기호에 관한 우리의 이해를 경험적으로 뒷받침하며, 하이데거가 입증한 것은 과제를 수행하는 안에서 한 가지 대상이 다른 대상을 지시하는 독창적인 관련 방식이었다. 이러한 지시는 실질적으로 지시 그 자체와 지시된 대상의 유용성의 발견을 통해 이루어지며, 하이데거에게 최상의 경로를 통한 전유는 감각적이지도, 지적이지도 않고 인간 존재에 의해 세계에서 대상의 존재에 관한 적극적 성격을 지니는 것이다. 바로 이런 맥락에서 보편적인 대상과 인간의 도구 간의 동일화의 기초가 세워지는 것이다. 하지만 하이데거가 기호로 여기는 도구의 유용한 요소는, 즉 작품을 가리키고 만드는 지시를 하는 물리적, 표현적 의미들, 예를 들어 도로 표지판이나 자동차의 방향지시등과 같은 방향 지시기이다. 그러므로 하이데거에게, 지시는 모든 지시 관계의 모태이며 그중 일부에는 자국, 기념 유적, 문서, 상징, 표현, 의미가 있으며, 보다 형식화되거나 추상적인 것으로 존재한다. 지시의 기능을 넘어, 그리고 **형식화**의 보다 높은 수준에서, 하이데거가 말해주듯이 보편적인 관계의 범주들이 놓여 있는 것이다. 이러한 지시 분석의 기초에 관해, 하이데거가 결론짓는 바는 다음과 같다. "만일 우리가 관계, 기호, 심지어 의미들로서의 그러한 현상들을 탐구해야 한다면, 그것들을 관계로 특색지어 얻을 수 있는 것은 없을 것이다."[8]

만일 혹자가 작품의 기능에서 기술 혹은 예술의 작품의 형태에 관한 위의 체험적 근거를 받아들인다면, 그리고 기능을 인간 존재에게 그 가능성과 세계의 시야들의 전체성을 열어주는 임무의 복합적인 투사라는 측면에서 이해된다면, 그렇다면 형태가 내용을 의미하는 방식은 앞서 논의한 본질주의적, 유명론적 태도에서 내용에 관한 형태의 관계와는 달라질 것이다. 정말로 그러한 태도들에서, 즉, 인간 환경이 유기적이거나 관습적인 성취와 대상이라는 측면에서 규정될 때, 그 물리적 윤곽, 형태나 기호는 **관계**로서 나타나는 것이며, 특정한 경험 수준에서 구체화되는 것이다. 다른 수준에서 구체화되는 것인 그 내용도, 마찬가지로 **관계**가 될 것이다. 그리고 형태와 내용의 연결성은 **관계 그 자체**가 될 것이다. 관계의 극단적인 형식적 특성을 생각해볼 때, 미학 이론에서 형태와 내용의 궁극적인 의미는 분명하지 않으며 결국에는 순환하는 것이 된다. 체험에서 관계들의 장소 문제는, 위에서 지적한 것처럼, 정확히는 내용에서 형태를 지나치게 분리시키는 것과 이러한 맥락에서 형태가 획득하는 재현적이고, 상징화되며, 표현적인 기능들에서 서로를 혼동하

8 *Being and Time*, p. 108.

는 것이다.

이와 대조적으로, 하이데거가 제기한 기호로서 작품의 형태가 지니는 실제적 의미에서, 형태는 색과 빛, 그리고 리드미컬한 표현에서 명백히 드러나는 명암도와 같이 조작할 수 있는 특징들로 이루어지며, 전체성이라는 맥락에서 유용하거나 아름다운 대상이 위치하는 세계인 것이다. 형태는 여기서 행동을 통해 투사되는 존재의 과정에 존재하는 세계의 구성주의적인 윤곽과 장소로부터 나온 것이자, 윤곽과 장소의 연속이다. 결국, 내용은 세계 그 자체의 체험에서, 그리고 이를 가능하게 만드는 일부의 측면, 성취, 특징에서 나오는 것이다. 이러한 하이데거의 접근방식에서 형태와 내용 사이의 구분은 강력한 관계적 분리가 아니라, 일부와 전체 모두가 전체 체험의 현상학적 범위에서 함께 연결된다면, 오로지 일부와 전체 간의 유동적인 현상학적 구분일 뿐이다. 가치로서 미학적 내용은 행위를 기투하는 그 점에서 세계(3) 이외 다른 맥락을 지닐 수 없으며, 기대되는 존재론적 지평이나 제약으로서 세계(4)에서도 마찬가지이며, 그리하여 작품에 뭉쳐진 본원적인 윤곽, 리듬과 특징들 일부가 드러나는 것이다.

하이데거에게, 베르그송과 메를로 퐁티와 같이, 미학에서 다른 경험적 태도들과 마찬가지로, 형태는 외견이 아니며, 내용과 관련된 특성을 단순히 지니는 결과물도 아니다. 기호로서 형태와 순수하게 자연적이거나 순수하게 인공적인 의미를 지니는 것으로써 내용 간의 관계도 아니다. 『예술 작품의 기원(The Origin of the Work of Art)』에서 하이데거는 형태를 작품에서 나타나거나 자기 단정적인 네 가지 주요 형식이 결정한 "갈라진 틈" 또는 디자인이라 규정한다. (1) 작품이 지니는 한 세계의 "출발점(setting forth)"은 대지의 우연성, 폐쇄성, 침묵에 맞서는 것이다. (2) 생활 형태를 "건립하거나(setting up)" 만드는 것은 그것들을 일시적으로 앞지르거나 지리적으로 둘러싼 것과 맞서는 것이다. (3) 그 "배열(setting out)", 진열, 배치는 (1)과 (2)에 수반되는 다양한 긴장과 대립이며 그렇기에 그것들은 일시적으로 지속적이거나 영구적이게 되는 것이다. 그러한 세 가지 등장 방식들은 (4) 그 목적을 "마무리 짓는(setting down)" 예술 작품의 유사 자연적인 의미에 반영되며, 세계에 대한 기여로서 그 의미는 물리적 혹은 인식적으로나 관계의 패턴에서까지도 지속되는 것이 아니라, 우연성에 맞서 드러나는 본원적인 특성들의 복합체로서 세계에 기여하는 것이다.[9]

형태나 디자인 개념에 대한 분석은 2장에서 인간 행위의 지점인 세계(3)과 그 투사적이며 존재론적 제약인 세계(4) 사이

---

9 다음을 참고할 것. Heidegger, *The Origin of the Work of Art*, pp. 46-50, 62-64. 상세히 말하자면, 작품의 존재에서, "출발"의 역할은 즉 그 질료들의 유용성과 상보성을 넘어서는 예술 작품의 의미를 확립하는 것, "세우는 것"은 즉 생활 형태의 기념적인 것으로써 작품을 만드는 것이며, "정하는 것" 즉 구조화는 지각적인 것과 의미 모두에서 형태를 만들어내는 것이다.

의 상호작용과 경쟁의 보다 기초적인 결과물로 소개하였던 것이다. 이 장은 바로크나 근대와 같이 특별한 스타일에 대한 고찰에 전념하기 때문에, 디자인에 대한 앞의 분석은 현재 예술적, 건축적 형태가 그것을 구성하는 세 가지 주요 기능들을 단순화하는 특성짓기와는 틀림없이 대비될 것이다. 따라서 예술적이거나 건축적인 형태는 언제나 반드시 특별한 예술적, 건축적 스타일이라는 맥락에서 예술적이거나 건축적인 의미나 내용과 관련해 고려되어야만 할 것이다. 형태의 세 가지 구성적 기능들은 기호가 지니는 세 가지 양상에 대응하며 내용과 관련해, 자연적으로 구성된 것(대상으로 존재하거나 대상을 상징하는 기호), 관습적으로 구성된 것(관념을 상징하는 기호), 상대적으로 의미를 지니는 것(상황에 감정적으로 어울리는 반응이나 감정을 나타내는 기호)이다. 기호의 세 가지 분리될 수 없는 양상은 의미상의 기능적 실재와, 순수하게 도구적인 실재들과 반대되는 예술 작품의 구분되는 특색으로 엄밀하게 존재한다. 기능적 실재(기술의 산물)에서, 형태는 **타고난 기능**을 따르며, 모방한다. 순수하게 의미를 지니는 실재(기호나 기호 체계)에서, 형태는 재현적 기능을 따르며, 관습적인 작용(실험)이나 관습적으로 기호화된 기능(정보 시스템)을 통해 확립된 환경의 선택적 척도나 통제라는 측면에서 우리에게 관련된 양식을 제공한다.

지금, 보다 명확해진 것은, 예술에서 형태와 내용 사이의 관계가 앞에서의 지배적이고 의미화하는 태도들과는 반대가 된 것이다. 즉, 틀림없이 작품이 그 자체를 한 시대에서 다른 시대로의 시간적 지구력 그리고/또는 전환성을 지닌 환경과 어떤 특정한 방식의 필수적인 관계를 지닌 현상으로 배열하거나 끌어모으는 기투적 특성을 지닌 유사자연적 관계로 변한 것이다. 질적, 감정적, 실존적, 시공적 가치를 지닌 작품의 상징적 의미는 일대일 교환을 능가하는 것으로, 특정 규칙성이나 가치들(내용)에 대해 특정 감각적 측면(형태)의 대체물이 무엇이 되든 그 이상을 넘어서는 것이다. 사실 시적인 형태의 기준으로서 강조되어야만 할 점은 상징적 중요성이 그저 인과적 관계(환유)나 친밀함과 등가성의 관계(은유)의 다른 이름일 뿐이란 것이 아니란 점이다. 실재와 그 자체를 대체하는 용어(방향), 실재와 그 의미를 지니는 용어(매개물)의 사이에서 말이다. 하이데거가 주장하듯이, 만일 창조적으로 나타나는 것이 세상에서 지니는 모든 의미의 기호들은 관계들보다도 본원적이라면, 환유적이고 은유적인 관계들은 구성주의적이며 표현적인 수준에서 오로지 부분적인 의도들의 그러한 형식화로만 보이게 될 것이다. 보통 말하는, 환유와 은유들은 오로지 부분적인 결과로만, 그리고 세계의 과정에 관한 연속적이며 창조적인 변형에 대한 부분적인 이해로만 이어진다. 사변적이거나 관습적인 가치에 부여된 감각적 가치를 보여주기 위해 개념적이거나 감정적인 것에 대한 감각적 대용물 이상으로 나아가지 못하는 상징주의는 단지 설명적이고, 독단적이고 교훈적인 상징주의로, 서구뿐만 아니라 다른 문화권에서도 위대한 창조적, 도덕적, 예술적 전통이 아니라 상식과 과학에 속한다.

감각적 외형에 대한 환유적 연결이나 다른 외형, 개념, 감정에 대한 그 은유적 대체는 상식이나 과학에서 사소하지 않다는 점이 입증된다. 왜냐하면 그것들은 대부분의 경우, 대체물을 곡해하기까지 하는 환경에 관한 선택적인 지도를 만들기 때문이다. 예술과 인간 과학에서, 유사한 연결과 대체들은 평범하거나 교훈으로 만드는 의인화의 여지를 간단히 만들어낸다. 문학과 미술에서 알레고리와 상징의 거대한 전통 속에서, 상징주의가 항상 초월하였던 것은 관습적이고 도덕적인 추론을 위한 단순한 결합과 그 이용 목적으로서 상이나 모델의 중요성이었다. 그러한 전통에서, 상징은 창조와 재창조를 통해 연속해서 확장되고 깊어지는 세계의 경계들로서 세계에 돌입한다. 정말로 예술적인 상징주의는, 평범한 언어로 꾸준히 변화하면서 창조성이 명백히 입증된 수준에서조차도, 전체의 가치에 기여하는 것으로 나타나는 그것의 질적 수준이 새로운 경계들의 맥락 속에서 나타나고 다시 나타나는 한 전체성으로서 세계에 일어나는 변화들을 의미하는 것으로 이해되어야 할 것이다.

일단 예술과 건축에서 형태와 내용 간의 관계에 관한 증거가 필요하다. 뿐만 아니라 의미를 지니는 형태의 복잡성, 특히 의미를 지니는 형태로서 공간에 관한 그런 이론적 개념은 세워진 것이라는 증거, 건축의 역사와 근대 건축 모두에서 양식에 관한 고찰에 관한 분명한 범주들을 발전시켜온 역사가와 비평가들의 방식과 태도에 의거한 작품의 해석의 빈곤을 비판적으로 확립한 이론적 개념들에 대한 실험적이며 심지어 인식적으로 타당한 것에 대한 "증거"를 입증할 필요가 있다. 이 장에서 완전히 전개할 수 없는, 이 책에서 제기된 건축적 의미에 관한 대안적 이해에 관한 실증적인 "증거"는 역사적이며 근대적인 작품들뿐만 아니라 그것들이 존재하도록 만들어진 이데올로기와 추상적인 문화적 개념들의 도구로서보다도 상징적, 창의적으로 보다 풍부하게 보여주는 형태와 내용에 대한 해석에도 효과적으로 적용될 필요가 있다. 예를 들어, 바로크 시대에 대한 스컬리의 해석에서, 기술적으로 나타나는 공간 배치는 동시에 과학적 관념과 종교적, 사회적, 도덕적 신념들의 감각적인 표현물로 존재했다. 이러한 측면에서, 그는 건축의 기원과 양식에 관한 설명에서 단순히 지각적이거나 실질적인 공간과 형태의 개념화를 초월하려 시도한 점에서 다소 신뢰할 가치가 있다. 스컬리가 설명하면서 언급하는 공간과 형태의 과학적, 문화적 개념들은 갈릴레오, 데카르트, 뉴턴의 역학에서 나왔으며, 여기에는 그 저자들이 기계적으로 설명한 광학도 포함된다. 하지만 덧붙여 스컬리가 지적하는 것은 신앙의 정치학과 유럽 절대군주들의 정치학의 관계다. 개인/공동의 열망의 수수께끼나 신성 또는 국왕의 카리스마적 권위 아래에서의 숙명에 대한 개인/공동의 범위에 대한 합리화 및 개별적인 이해의 위험성 역시 스컬리는 건축적 형태의 **결정적인** 원리라고 보았던 것이다. 두 가지 영역, 신앙이나 사상의 것과 예술적 디자인의 영역을 스컬리는 독자적인 실존과 범위를 지닌 것이라 함축적으로 보았다. 그것들은 문화 내부에서 고유하게 존재하나, 이론적으로는 다양한, 아마도 상호간의 인과관계라는 영역 그리고 그에 따라 환유적이며 은유적인 관계들에 의거하여 고찰된다.

스컬리에게 바로크의 건축적 공간은, 마지막 분석에 이르러서는 군주의 신성한 제도에서 구현된 근대 국민 국가의 새로운 물리학과 사회적 공간의 신성한 공간으로 존재한다. 하지만 개인/집단의 사고와 창의가 이러한 질서에서 반드시 "합리적으로" 적절하게 존재하는 한, 혹자는 틀림없이 그런 공간들의 특정하고 타당한 양상과 성질도 인정할 수 있을 것이다. 예술과 건축의 창조자와 설계자는 오로지 앞선 개념적 편견이 허락하는 범위에서만 공간을 가지고 놀 수 있다. 이러한 설명에서 예술적이거나 건축적 공간은 개념으로 존재한다. 공간은 그 기원이 신성할 뿐만 아니라 정치적, 사회적 관습들의 가장으로 존재한다고 여겨지는 기원을 지닌 일련의 법칙으로서 세계와는 오로지 애매모호한 연결성을 지니는 특별한 기하학적 개념과 설명이라는 측면에서 예측될 수 있는 것이다.

이 모든 측면들에는, 한편으로는 인과적 질서에서 나오는 결과물일 뿐만 아니라 여전히 환상이나 감정의 순수한 창안이나 표현적 관습들로 존재하는 창조적인 디자인의 결정요소로서 스컬리가 신앙을 이용하는 것에는 돌이킬 수 없는 애매모호함이 존재한다. 스컬리가 설명하듯이, 스페인 계단의 사례는 공간이 "설계와 솔리드를 지배한다". 그 안에서 공간과 형태에 관한 이 보편적인 의식은 예술적 공간이 실제 물리적 공간의 기호로 존재하는 한 **재현적** 측면을 지닌다. 마찬가지로 그것은 예술적이며 실제적인 공간 모두가 공간에 관한 과학적 관념과 권력에 대한 관념을 상징하는 한 **상징적인** 측면도 지닌다. 그리고 이러한 두 가지 측면, 재현적, 상징적 측면들은 부분적으로는 구분되는 것이며, 마찬가지로 그것이 널리 만연한 신앙이라는 맥락에서 느끼는 감정을 상징하는 한 예술적 기호라는 **표현적** 측면에서 스컬리가 어느 정도 혼동한 것이다. 그러므로 바로크 건축의 의미와 근대적 건축으로의 이행에 관한 스컬리의 이러한 논의에 근저가 되는 혼동이 존재하는 것이다. (a) 건축 작품의 공간과 그것이 나타내는 공간의 개념적 의미에 관한 부적절한 동일화, 그리고 (b) 특별한 건축 작품의 공간에 관한 의미를 그에 부여되는 상징적이며 표현적 의미로 부적절하게 단순화하는 것. 이러한 사례에서, 공간의 형태로서 건축적 형태의 재현적, 상징적, 표현적 측면들에 관한 혼동에서, 감각과 지성의 과다한 동일화는 건축적 설명과 이론을 장악해왔다. 따라서 형태는 전적으로 내용에 종속되어왔다. 그리고 이러한 종속을 통해 작품은 재창조된 세계의 체험의 요인이 아니라 단순히 실례나 교훈적 도구이자 텍스트가 되어왔다.

4.3 노베르크 슐츠와 바로크 건축: 진정한 공간 아니면 게슈탈트 공간?

바로크적 공간에 관하여, 애매모호한 스컬리의 언급에서 노베르크 슐츠의 논의와 정의로 넘어간다면, 기호로서 예술적 공간의 의미는 형태와 내용 사이의 관계 그리고 형태의 재현적, 상징적, 표현적 관계에 관한 의식에 따라 결정된다는 점이 분명해질 것이다. 노베르크 슐츠는, 건축적 의도에 관한 그의 생각과 부합하여, 하이데거처럼 공간을 인간 행위에 의거한 예술적이며 건축적인 기호로서 생각한다. 세계에 관한 그의 공간성 개념은 하이데거를 인용할 때 실존적 배경을 지닌 것처럼 보인다.[10]

> 생명의 모든 형태는 공간적 결과물을 지닌다. 사실, 인간의 행위는 무엇이든 간에 공간적 측면을 지니는데 그것은 장소들의 움직임과 관계를 함축하기 때문이다. 하이데거는 다음과 같이 말한다. '하나의 세계는 항상 그에 적합한 공간에 관한 이 공간성을 드러

10 Christian Norberg-Schulz, *Baroque Architecture*, New York, Harry N. Abrams Publishers, 1971, p. 26.

> 낸다.' 인간은 유년기 이래, 자기 환경에 대한 공간적 이미지를 구축하며, 이는 우리가 그의 '실존적 공간'이라 부를 수 있는 것이다. 이러한 실존적 공간의 특정한 기초적 특성들은, 사회적 참여와 통합을 허락하기 위해, 필연적으로 공적인 것으로 존재해야 한다. 실존적 공간의 구조는 '장소들', '경로들', '영역들'이라는 측면에서 분석될 수 있을 것이다. 장소들은 인간의 행동들의 중심들이며, 경로들은 환경을 손에 넣는 그의 가능성을 설명하며, 영역들은 대체로 잘 알려진 영역들을 질적으로 규정한다.

노베르크 슐츠의 이 모든 범주들은 세계(3)의 실존적 체험을 언급하려거나 혹은 그로부터 자라나는 것으로 보인다. 그의 하이데거 인용이 외적이거나 "눈-앞에-있음"의 체험들이 아니라 "생활의 형태"와 "인간 활동"을 언급한다는 사실은 이러한 추측을 확실하게 해준다. 따라서, 노베르크 슐츠가 장소들, 경로들, 영역들을 규정할 때, 여전히 그는 "보다 큰 목적을 위한(for the sake of)" 생활의 투사의 특징 및 기질과 부합하여 배열되는 하이데거의 "손-안의-것" 영역 또는 살아가는 공간성의 영역 내부에 있다. 실제로 하이데거도 역시 "지역"의 범주들을 이용하는데 이는 노베르크 슐츠의 "영역"과 일부분이 일치하는 것처럼 보이며, "경로"의 범주들 역시 하이데거가 그의 미학 논문들에서 폭넓게 이용하는 것이다. 엄밀히 말해 두 저자들에게서 "경로"라는 범주의 의미와 직면할 때 혹자는 노베르크 슐츠의 이론과 비평에서의 접근 방식의 혼합과 무분별성을 이해하기 시작할 것이다.

경로에 관한 하이데거적 경험이 세계(3)에 관한 그의 실존적 접근 방식에 속한다는 점은 분명하다. 예를 들어, 일부 텍스트에서 그는 경로들을 전통적인 목표와 그로부터 직접적으로 연유하는 구체적인 과제 및 계획에서 창조된 흔적들과 관련짓는다. "세계는 역사적 민족의 운명에서 단순하고도 본질적인 결정에 관한 폭넓은 경로들에 대해 스스로 비-은폐하며 열려 있는 것이다." 그러한 경로들은 "비객관적"이며 "탄생과 죽음, 축복과 저주"의 질서와 조화를 부여하기 위해 지상의 우연성을 이용하는 "존재로 이동되는" 인간 존재를 위한 방식이다.[11] 다른 텍스트들에서, 하이데거가 경로를 통한 움직임의 체험을 과학적으로 제한된 공간이 아니라 세계(3)과 그 "지역들"을 투사하는 실존적으로 관련된 사고와 결부짓는다는 점도 분명히 드러난다.[12]

---

11 *Poetry, Language and Thought*, p. 44, 48.

12 Martin Heidegger, "The Nature of Language," *On the Way to Language*, translated by Peter d. Hertz, New York, Evanston, San Francisco and London, Harper and Row Publishers, 1971, pp. 74-75.

> 하지만 사유에서의 상황은 과학적 표현의 상황과는 다르다. 사유에서는 방식도 주제도 존재하지 않으며 오히려 지역만이 존재하는데, 그 이름이 붙여진 이유는 사유가 생각하는 것에 열중하는 것에서 그 영역과 자유로운 지배를 부여하기 때문이다. 사유는 그 방면에서 지속되며, 그 방면의 길을 걷는다. 여기서 길은 그 방면의 일부이자 그에 속하는 것이다. 과학적인 관점에서, 이러한 상황을 보는 것은 단순히 어려운 것이 아니라 불가능하다. … 우리는 심지어 지금도, 우리와 관련된 그 지역, 그 영역을 걷고 있는 중이다.

반면에, 노베르크 슐츠에게서 "경로"의 경험이 보여주는 것은 실존적인 것과, 패러다임들에 합쳐진, 객관적 관계들의 체계 사이의 특수한 혼동이다. 여기서의 객관적 관계들의 체계란 17세기에 전개되어 18세기에 신앙과 사회들의 행위에서 이러한 과정의 결과가 일부 나타나기 시작했던 과학 혁명과 그것이 점차 이입된 경제적, 정치적 태도들을 지배했던 객관적인 관계들의 체계를 의미한다. 하지만 예술이나 건축적 창조와 관련한 그 문제는 외부의 상관적인 개념들에 영감을 받은 창조가 인식 태도들의 주도권의 전례를 단순히 따르는가, 아니면 모더니즘 예술과 건축의 위대한 대가들에게서 그런 상징들이 결국 다시 나타나고 정교하게 다듬어지기 위한 가교로서 보존되고 기능한 예술적이며 건축적인 창조에 세속적인(하이데거적인 의미에서) 작품의 상징이 내재되어 있는가이다. 이것은 **만일 세계, 예술적인 형태, 공간, 상징에 대한 서로 다른 의미에 대한 설명에 혼동이 널리 퍼져 있다면,** 지적으로 분명하게 정의되거나 탐구될 수 없는 이론과 비평에 관한 문제다.

그러한 혼동은 노베르크 슐츠의 건축적 과제의 체계적인 표현에서 이내 나타나며 시작된다. 그는 그런 과제들을 관장하는 기초적인 태도를 언급할 때, "체계(system)", "집중화", "확장성", "움직임" 같은 용어들을 사용한다. 곧 그가 그런 용어들을 건축적 설명에 적용할 때, 그 용어들은 실존적인 의미를 잃기 시작하고 마치 창조적인 예술가와 건축가들이 그런 용어들을 물리학과 정치과학에서 직접적으로 차용해 오는 것처럼 보이게 된다.

> 만일 우리가 1740년부터 파리와 그 주변의 지도를 본다면 … 우리는 모든 풍경이 이론적으로는, 무한한 확장성을 지닌 집중화된 체계들의 네트워크로 바뀌어왔다는 점을 발견한다. 그중 대부분은 17세기에 생겨난 것이다. 여전히 커다란 맥락에서, 파리는 프랑스 전체를 이루는 유사한 체제의 중심을 구성한다. 그리고 만일 우리가 같은 지도에 돋보기를 사용한다

> 면, 우리는 하나의 요소, 건물이 유사한 양식에 따라 조직되어 있음을 알게 될 것이다. 사실, 생활 방식과 건축적 환경 사이의 대응을 보다 분명하게 나타내는 역사적 시대는 거의 존재하지 않는다. 이러한 대응은 우리가 세계는 기초적 특성으로서 기하학적으로 정해진 확장성을 지닌다고 여겨진다는 점을 기억할 때 쉽게 이해될 수 있다.

이어서 노베르크 슐츠에게, 바로크적 생활 방식은 명백히 "기하학적으로 정해진 확장성"에서 "무한한 확장성을 지닌 집중화된 체계들의 네트워크"들을 합치는 경로들을 통한 움직임을 통제하는 과학적 태도와 동일시된다는 점이 분명하다.

노베르크 슐츠의 설명과 비평에서 개념적이며 실존적인 접근 방식들의 혼동은 앞서 인용한 문단을 결론짓는 문장들에서 한층 더 분명해진다.[13]

> 이러한 [기하학적으로 정해진] 확장성은 항상 '의미의 중심', 즉 생활 방식의 기초적인 '교리들'을 구현하는 장소로서 언급된다. 이러한 초점과 관련해, 인간의 실존은 가능한 움직임, 즉 중심으로 수렴하는 '경

---

13 *Baroque Architecture*, p. 13.

로들'을 통해 의미를 지니는 것이자, 공간적으로 표현되는 것이 된다.

노베르크 슐츠가 믿기를, 왕과 관료들에게 도시, 지역, 국가는 그 계획을 실현하는 데에서 그저 매개물처럼 보일 뿐이다. 철학자와 과학자들 사이의, 예술가와 그 후원자들 사이의 매개물로 볼 뿐이라고 믿는 것이다. 교황과 다른 종교 기관들은 노베르크 슐츠에게는 정치적인 계획자들의 과학적-정치적이며 합리화된 태도와도 같은 영감을 지니고 있는 것처럼 보인다. 노베르크 슐츠가 바로크 시대 로마를 설명할 때, 그의 미학적 설명 기준은 그에 따라 이 시대 플라톤/아리스토텔레스적 형식주의에서 코페르니쿠스/갈릴레오적 기계주의 체계로 이동한 과학적인 개념적 패러다임에서만 거의 한정적으로 나오는 것이다.

한 가지 패러다임에서 다른 패러다임으로의 전환과 그에 따른 절충주의 또는 개념적 혼합은 노베르크 슐츠의 반복적인 언급에서, 그리고 곧 보게 될 페레즈 고메즈에서처럼, 르네상스(1450-1550년경)의 정적이며 닫힌 형태로부터 동적이며 바로크(1550-1750년경)의 무한히 확장되는 형태까지의 역사적 변천을 반영한다. 종교와 정치가 예술적 디자인의 직접적인 원천으로 간주되는 한, 그러한 이행은 처음에는 로마 교회에서 트렌트 공의회 이후 **집중화된** 교회 권력과 정부의 등장으로(1545-1563) 특징지어질 것이며, 스페인, 프랑스, 잉글랜드에서 대체로 같은 역사적 순간에 시작된, 군주들에게 증가되던 절대주의에 카리스마적으로 자극받았든 구조상으로 자극받았든 간에, 그에 비견될 발전이다. 그에 따라 로마는 "수도들의 유럽"으로 등장한 많은 것 중 첫 번째가 되었다고 말할 수 있으며, 그 모든 것은 형식주의적이며 기계주의적인 기준에 부합하여 계획된 것이었다.[14]

> 식스투스 5세의 계획[1585년]은 로마를 바로크 건축의 기초 단위에서 원형으로 만들었다. 바로 **수도**였다. … 중세와 르네상스의 도시들이 상대적으로 정적이며 닫힌 세계들이었던 반면, 새로운 수도는 그 경계를 넘어 크게 뻗어나가는 세력의 중심지가 되었다. 그것은 이전에 로마나 예루살렘 그 자체였던 것보다도 더 구체적인 의미에서, 전체 세계의 기준점이 되었다. 바로크 건축의 건물 유형들이 당시 존재하는 모델들이 이후 나아갈 발전을 나타낸 반면, 수도는 기본적으로 그것이 속한 모든 체제에 영향을 미치는 독창적인 개념이었다. 수도가 두 번째 중심지들을 고유한 실제 생활을 지니지 않는 단순한 위성 도시들로 환원시켰다는 점은 17세기에 이미 인지된 것이었다.

---

14 *Baroque Architecture*, p. 15-16.

수도는 영역을 구성하는 장소와 경로들의 연결망으로 이루어진다. 하지만 노베르크 슐츠의 식스투스 5세와 그 후계자 파울루스 5세(보르게제, 1605-1621)의 로마와, 파울루스의 주요 건축가 마데르나(Maderna), 우르바누스 8세(바르베르니, 1623-1644)와 건축가 베르니니(Bernini), 알렉산드르 7세(키지, 1655-1665)와 건축가 보로미니(Borromini)에 대한 설명에서, 노베르크 슐츠의 공간적 범주들이 플라톤-아리스토텔레스의 합리주의와 그에 대응하는 데카르트-뉴턴의 합리주의에서 본원적인 물리-수학적 공간 개념에 의거한다는 점이 더욱더 분명해진다.

노베르크 슐츠는 바로크 건축 설계의 다른 아류형, 교회와 궁전에 대한 분석에서도 같은 범주를 이용한다. 바로크 교회와 관련해, 그는 **바로크 건축**에서 완벽함의 질적인 특성이, 팔라디오(Palladio)가 '완벽한 형태'라고 특징지은 원과 정다각형들과 같은 어떠한 기하학적 형태에서 나온다는 설명 도식을 전개한다. 계속해서, 그리고 설계 기준에 관한 대체나 대안에 대해 명확히 설명하는 바는 없으나, 노베르크 슐츠는 보로미니의 극적이며 조각적인 설계를 언급한다. 그리고 그런 형태를 넘어, 그는 보로미니의 경력 내내 "만들고 가리킬 수 있었던 구체적인 것"을 위해 고안된 공간 크기의 등장과 경쟁한 극적이며 조각적인 설계의 진화한 전형도 언급한다. 보로미니는 앞서 가소적이며 의인화된 형태와는 반대로, "**연장 실체**라는 철학 개념을 구체화하였다." 포르토게시(Portoghesi)와 귀도니(Guidoni)에 이어, 노베르크 슐츠도 보로미니의 설계가 심리학적 가치들을 지닌 르네상스의 특성을 넘어 거리, 정확성과 구조적 요소들로 옮겨갔으며, 공간 그 자체의 집중도를 르네상스 건축이 비율 원칙으로 이용하여 선과 질량으로 만들면서 위치시킨 것과 같은 수준으로 만들고자 시도했다고 결론짓는다.

이러한 형식적 진화의 끝에, 노베르크 슐츠는 구아리니(Guarini)의 건축을 두고, "요동치는 병치(pulsating juxtaposition)의 원리에 따라 방을 구성하여 체계적으로 조직하는 방식 덕분에 보로미니의 공간에 대한 집중을 능가한다."라고 평가한다.[15] 이 원리는 '집중화된 세장한(longitudinal) 설계'와 마찬가지로 '늘어나고 집중화된 설계'로 이어지는 전통적으로 종적이며 집중화된 도식의 통합을 이루기 위한 종합적인 노력을 주도한다. 그러한 설계의 유연성을 통해, 건축물은 조립 단위의 덩어리들보다 더 나은 건축의 위치의 일반적 형태에 순응했다. 그에 따라 내부 공간은 잠정적으로 끝없는 조화 속에서 외부 공간과 결합했다. 내외부 모두의 장식은 코린트 양식

---

15 Christian Norberg-Schulz, *Baroque Architecture*, pp. 182-217. 그의 인용 문헌은 다음과 같다. P. Portoghesi, *Roma barocca*, Rome, 1966, p. 155; E. Guidoni, "Modelli Guariniani," in *Guarino Guarini e l'internazionalita del Barocco*, Accademia delle Scienze di Torino, 1970, p. 39.

에 의거하였는데 코린트 양식의 윤택함은 모든 상징적 형태의 종합을 의미했기 때문이다. 교회 건물은 그러므로 **세계의 우화**(imago mundi)가 되었다.[16]

> 그 당시 고전적 기둥과 돔은 우주의 기초적인 교리가 지닌 영속성을 나타내는 반면, 환상적 장식과 극적인 빛의 이용은 '얼어붙은 장면'을 창조하며, 신념과 유배(transportation)를 목표로 삼는다. 일반적으로, 성스러운 건축은 '단일한 차원, 지상의 한계가 없는 공간 속에서 살아가게 될 삶을 위해 인간 영혼을 준비시키는 과업을 지닌다.'

이러한 진화의 사례들은 노베르크 슐츠의 바로크 형태의 역사적 전개에 관한 의미 해석 비판에 인용된다. 여기에는 기능적이며 조직화시키는 축의 역할은 정원 덕분에 공적이며 사적인 내부 영역들을 외부 자연과 관련지으려는 시도와 틀림없이 조화를 이루어야만 하며, 보다 기능적인 의미를 지니는 이탈리아와 프랑스의 바로크 궁전도 포함된다. 이러한 구성적, 기하학적, 환경적, 장식적 기준의 혼합은, 기술적 설명상으로는 건축

---

16 *Baroque Architecture*, p. 237. 다음의 인용문은 다음에서 가져온 것. G. C. Argan, *L'Europa delle Capitali, 1600-1700*, Genova, 1964, p. 106.

적 형태의 재현적이며 상징적인 측면들과 결합하며, 노베르크 슐츠에게서는 건축 형태의 표현적 의미를 부가시킬 필요를 지닌다. 노베르크 슐츠에게 표현적 의미는 형태의 언어적 가능성과 가치들에 따라 정해지는 것이며, 그러한 것들은 주로 관습을 통해, 건축적 형태를 의미론적 함축으로 환언하는 이론에서 나온다. 완벽함이라는 관념을 어떠한 기하학적 형태로 간단히 귀속시키는 것은 노베르크 슐츠에게 의미론을 확립하는 첫 번째 방식이다. 이 방식은 르네상스 이후 소비자나 구경꾼에게 작품의 특정한 특성이 지닌 심리학적 효과에 관한 탐구와 추측에 따라 풍부하면서도 복잡하게 뒤얽히게 되었다.[17]

> 우리에게는 마음속에 '무거운' '가벼운' 형태, '좁은' '넓은' 공간, 특히 객관적으로 정적인 형태에서 '장력'이나 '운동'에 관한 지시들과 같은 표현이 있다. 질적인 개념들은 이따금 기술적 구조에 내재된 힘들의 '감정 이입'에서 유래한다. 질적인 개념들은 의미상의 어떤 정확한 정의 없이도 이용되는 것이 보통이다. 마찬가지로 이러한 감정 이입은, 건축적 형태를 인간 신체의 상태를 가리키는 데 흔히 사용되는 용어들로

---

17 Christian Norberg-Schulz, *Intentions in Architecture*, Cambridge, Mass., The M.I.T. Press, 1992, p. 89.

> 특징지어짐에 따라, 대체로 완벽한 의인화로 이어질 수도 있다.

이 고전적이며 르네상스적인 의미론은 바로크 시기 동안 비판받아왔다. 비율 원칙은 밀려났고 형태의 인식되는 형태의 주관적 효과의 관습성이 증가했다. 노베르크 슐츠에 따르면, 그런 성향들은 페로(Perrault)와 로지에(Laugier)가 공공연히 포용한 것일 뿐만 아니라, 당대인들의 눈에 "야만적으로" 비쳤던 그 보로미니는 전통적인 비율 원칙을 무너뜨렸다. 그 당시부터 점차 설계에서 의미론적 결합은, 중세부터 시작되어 건축적 형태를 사각형 분할(Ad quadratum)과 삼각형 분할(ad triangulum)로 결정하였던 구조상의 관례로 대체되었다. 이 순간부터, 건축적 형태의 정당화는 때때로 숫자 신비주의와도 결합된 고전적 의인화, 즉, 훌륭한 **게슈탈트적** 특성들에 대한 조사에 몰두하는 인식 이론들에 호소하는 대안으로서의 주기적인 회귀에 빠진 것처럼 보인다. 노베르크 슐츠는 리글(Riegl)의 지각적 태도들, 건축적 형태의 정당화를 위한 근거로서 대부분 "시각적"이거나 "촉각적"인 태도를 거부한다. 그는 우리의 대상에 대한 인식이 시각적이지도, 촉각적이지도, 둘의 혼합물이라고도 보지 않는다. 결국 그가 생각하는 바는, 그러한 것들은 회화적 공간의 조직화를 위한 범주들이라는 것이다.

우리 환경의 대상들과 관련해, 노베르크 슐츠가 주장하

는 바는 "우리가 인식하는 것은 **의미를 지니는 형태**"라는 것이다.[18] 이 방식에서, "의미를 지닌다"는 단어는 개념상으로 구성되었다는 점을 상징하며, 당연히 "형태"라는 단어도 점차 환경의 고립된 일부가 관련된 인간 주체들의 상호작용에서 드러내는 다양한 윤곽, 힘, 질(quality)들을 개념의 체계적인 단언이나 적용에 따라 환경에서 의도되고 고립되고 통합된 내용물들로서 이해되는 것이다. 이렇게 개념을 단정하고 적용하는 과정에서, 실질적인 생활 형태가 전적으로 개념적 규칙(그리고 특히 "본질"이라 총칭적으로 또는 수학적으로 규정되는)에 압도당하기 때문에, 이른바 의미를 지니는 형태를 품은 대상은 하이데거가 "눈-앞에-있음"이라 부른 인식 행위 그 자체로 나타나는 것이며, 그에 따라 하이데거의 분류법에서 세계(2)의 구성성분이다.

형태의 의미와 **경험적**으로 연결된 리글의 인식적 태도를 이와 같이 부정하는 것은 노베르크 슐츠가 암시하는 것을 파악하는 데 있어 매우 중요하다. 즉 그는 우리의 즉각적 경험(immediate experience)의 이해를 **개념적**으로 결정짓는 것을 형태와 같은 것으로 본다는 것이다. 만일 비판적 연구를 조건으로 삼는다면, 이렇게 같은 것으로 보는 것은 노베르크 슐츠에게 심지어 함축적이기까지 하나, 모두의 포괄적인(예를 들어 "인간", "나무") 수학적(예를 들어 "원", "무한") 개념이 도출되는 기

18 *Intentions in Architecture*, p. 94.

반으로서 형식주의와 기계주의의 패러다임에 호소해야 할 필요성을 즉각적으로 드러낸다. 다른 한편, 미학적 관계를 통해 구성되는 이미지와 상징의 풍부한 배경으로서 경험과 행위를 우회한 이후, 노베르크 슐츠는 실증주의와 관념론의 딜레마에 빠지고 말았을 것이다. 만일 개념들이 결국 감정으로 환원될 수 있다는 점이 입증된다면, 그의 태도는 명확히 실증주의적인 편견을 지니게 될 것이다. 즉, 만일 "형태와 같은" 감정들이 결국에는 개념들로 분해된다면, 그는 실용주의적-초월주의적, 즉 그 대신으로서 **의미를 지니는 형태**와 관련된 관념론적 태도에 순응하기를 강요받게 되었을 것이다.

『건축의 목적(Intentions in Architecture)』의 이론적 공언에서, 노베르크 슐츠가 심리주의에 호소하여 그런 딜레마를 벗어나려고 시도한다는 점은 분명하며,[19] 그에 따라 그는

---

19 에드문트 후설은 『논리적 연구(Logical Investigations)』에서, 앞서 간략히 지적한 심리주의의 애매모호함에 대해 통렬하면서도 명확한 비평을 수행하였다. 후설은 특히 최근 게슈탈트 심리주의, 그가 "근대 휴미니즘(humeanism)"이라 부른 것의 형태와 내용이 지니는 다양한 측면의 무차별성과 관련해 특히 명료하다. H. 코르넬리우스(H. Cornelius)의 저작에서, 그와 같은 게슈탈트적 태도의 사례를 인용하면서[Zeitscher. f. Psychol. u. Physiol. d. Sinnesorgane, Vol. 22. p. 103], 후설은 심리주의적 방식에서의 심각한 혼동을 지적한다. "하지만 H. 코르넬리우스는 이런 교리를 계속 이어왔다 … 근대 심리학에 의거하여, 인식할 수 있는 가장 극단적인 방식에서 말이다. 그의 저작은 진정 심리학이므로, 대단히 흥미로우면서도 자극적인 세부 진술을 담고 있다. 하지만 그것은 인식론이므로, 나는 코르넬리우스가 지식의 의

형태나 **게슈탈트**라는 측면에서 작품의 표현적 의미를 정당화하는 것과 내용의 의미가 지니는 독자적인 개념의 기초에 의거하여 내용과 형태를 애매모하하게 결합시키는 것에 의지한다.[20] 그 스스로가 선호하는 그런 이론적 태도들의 사례처럼,

---

도적인 내용(지식의 이상적인 형태에서, 지식이 의미하는 바와 그에 따라 마찬가지로 단정되는 것)에 귀속된 문제를 지식의 의도적인 대상에 귀속된 문제와 혼동하고 있으며, 두 가지 모두 단순히 지식 경험의 단순한 심리적 구성물(우리 목적에 단순히 현상적으로 부수되는 것에서, 즉 무의식적이며 알아채지 못하는 발생적 근거들에서)에 귀속된 문제와 혼동하고 있다고 말할 수 있을 것이다." *Logical Investigations*, translated by J. N. Findlay, London, Routledge and Kegan Paul, 1970, Vol. I. pp. 419-420.

20 노베르크 슐츠에게 이 건축적 의미에 관한 논의가 바로크적이며 건축적인 "의도"에 관한 그의 이전 저작들에서 바탕을 두고 있기는 하나, 여기서 반드시 강조되어야 하는 점은 그의 근본적인 입장이 하이데거의 시학 논문들에 의존하는 점이 커지고 있다는 사실은 변함없다는 점이며, 이는 다음의 저작들에서 정점에 이른다. *Genius Loci: Towards a Phenomenology of Architecture* (New York, Rizzoli, 1979), *The Concept of Dwelling: On the Way of Figurative Architecture* (New York, Rizzoli, 1984). 이 저작들에서, 노베르크 슐츠는 여전히 배경에 맞서 게슈탈트나 형태 개념에 초점을 맞추는 건축적 의미의 지각적이며 개념적인 도식에 의존한다(cf. *Concept of Dwelling*, p. 15). 그에게 하이데거 후기 저작들을 이용하는 것은 그런 모든 형태를 주로 하이데거가 설명한 본원적인 실존적 맥락 내, 즉 지상, 하늘, 인간, 신에 위치시켜 게슈탈트들이나 형태들의 강력한 본질주의적 특징을 맥락화하려는 노력으로 이루어져 있다. 하이데거가 주의깊게 구분한 세계의 다양한 의미들을 섞을 때 자주 일어나는 실수가 이러한 움직임에서 또다시 부주의하게 일어난다. 각각의 고립된 의미가 무엇이든, 자연주의적 실재들에서 각각의 어떠한 직접적인 등치를 포함해, 의미들로부터 하이데거의 "영역들"의 시적인 설명이 제거된다. 마찬가지로 그것은 그

노베르그 슐츠는 의미의 결합 이론을 프랑클(Frankl), 브링크만

런 영역들의 상호 "관계"를 상식이나 기하학적 관계로 환원할 가능성도 없애버린다. 하이데거에게 앞서 진술된 바는, 관계들은 눈앞의 인식 수준에서, 인간 존재가 우연성에 맞서 존재의 시작과 재개에 기여하는 덕분에 과업을 [재]창조하는 세계와 생활 형태 안에서 대상을 서로 지시하는 것으로부터 나온다. 『존재와 시간』 1부 3장이 이바지한 "보편적인 환경성과 세계성"에 관한 글을 무시하는 것은, 영역이라는 측면에서 세계에 관한 이후의 정의에 관한 이해에서 하이데거의 방법과 목적에 대한 배반을 나타낸다. 사실 지상, 하늘, 인간과 불멸은 오로지 인간 존재의 자기 창조적인 움직임이나 방황에 대응하는, 보통 말하는 세계의 자기창조적인 움직임에서만 드러나는 것이다. 후자는 인간 존재를 구성하며, 전자는 존재의 존재, 그 개방성, 가치와 의미를 구성한다. 따라서 영역들은 노베르그 슐츠가 가리키는 "범주들"이 아니다(ibid., p. 18). 지상은 그 저작에서는 하늘과 맞서면서 "나타나며", 형태를 지닌 "인간" 역시 굳건하며 얼어붙은 텍스트로서, 오로지 불멸의 의식, 하이데거가 가능하다고 간주한 전통의 불멸에 맞서는 것으로 나타난다. 전통에서 작품의 상대적인 영속성은, 형태에서 의미의 숨겨진 잠재물과 반대되는 것으로서, 그에 따라 하이데거에게는 마찬가지로 그 자체가 직접적으로, 동일하게 불확실한 영속성을 지니긴 하나, 자연적인 대상이나 인간이 만들어낸 대상과 같은 현존하는 다른 형태들에서 드러나는 존재의 주된 경험으로 존재한다. 노베르그 슐츠는 병이라는 존재를 게슈탈트의 사례로 제시하는데, 대상으로서 그 의미와 예술 작품으로서 의미는 본질주의적인 조건에서 완전히 뒤섞인 것이다. 그가 병이라는 존재를 보초니(Boccioni)의 "공간의 전개"라는 사례로 나타낼 때, 노베르그 슐츠는, 하이데거가 『예술 작품의 기원』(Cf. *Poetry, Language, Thought*, pp. 34-35)에서 만든 대상과 작품 사이의 구분에 대해 병의 용도는 대상으로서 병의 형태의 이유라는 점을 전적으로 무시하는 모습을 보인다. 그에 따라 노베르그 슐츠가 가리키는 바는 이러한 형태의 존재가 그 안에서 세계 영역들의 수렴이 아니라, 보초니가 설명한 것이라는 점이 정확하다. "보초니는 병의 현상학을 설명한다. 그의 조각에서 병과 같은 형태는 일직선과 곡선적 요소들의 복합적인 윤곽 없이도 힘을 배열하며 나타난다. 병이 없다면 이러한 윤곽은

(Brinckmann), 프레이(Frey)가 발전시킨 형태에서 언급한다. 파울 프랑클은 공간을 순전히 양적이라 간주하고 그가 공간을 형태적으로 조직화한 것은, 공간구성(space-cells)과 덩어리형성(mass-form)처럼 부가와 분할의 논리적 관계라는 측면에서 그 궁극적인 의미를 가져다준다. 공간과 집단의 구체적인 **게슈탈트들**은 프랑클에게 "행"이자 "집합"이며, 그것들은 "상호침투" 또는 "융합"에 의해 개방되거나 폐쇄되거나 결합되며 구성된다. A. E. 브링크만도 마찬가지로 공간구성(space-cell)과 덩어리 조직들(mass-compositions)을 설명하기 위해 양적인 형태개념을 이용하나, 그의 건축적 형태의 "이동"에 관한 설명은 정확한 점이 적은 편이다. 노베르크 슐츠의 의견에 따르면, 건축작품과 그 구성의 역학에 관해 가장 정확한 의식을 지닌 이는 다고베르트 프레이다. 르네상스 건축물과 같은 일부 구조물들은 동시적이며, 그 자체에 의지하는 반면, 다른 구조물들은 대체로 연속적이라 설명되는 점이어야만 할 것이다. 그것들은 반드시 입구, 통로, 애프스와 같이 "공간적 연속"의 일부로 이해되어야만 한다.[21]

무질서하게 나타났을 것이다. 하지만 중심에 모이면서, 그것은 그 자체로 완전한 형태에 고립되지 않는다. 그보다는 깎여나간 윤곽이 주위 환경과의 능동적인 관계를 가리킨다. 이런 이유로 병은 공간을 '전개'하며, 대상을 모으는 것으로서 일시적인 현상 없이도 생겨난다." (*The Concept of Dwelling*, p. 17)

21 보다 상세한 설명과 해당 저자 및 저작에 대한 완전한 언급에 대해서는

노베르그 슐츠의 애매모호한 게슈탈트적 접근 방식에서, 형태로서 건축적 대상은 명확한 설명의 본질적인 핵심으로서 때때로 비율에 의존해야 할 것이다. 그러한 것이 사실 르네상스의 의미론을 낳은 미적 대상의 개념적 원천이었다. 노베르그 슐츠는 이 이론의 기초적인 통념인 숫자가 자연에서 발견된다는 명제는 입증될 수 없다는 점을 가리킨 후, 다음과 같이 정확히 지적한다. "'비율 원칙'은 구체적인 건축적 게슈탈트들로 이어질 때에만 배열 효과를 지닌다. 구체적인 게슈탈트는 명확한 것이지, 보이지 않는 수학적 관계들이 아니다." 이러한 개념에서, 공간의 경험 그 자체는 전적으로 다양한 지각적이며 창조적인 맥락 속에서 형성될 수 있는 다양한 형태적 전체성의 명확한 설명과 배경으로서 완전히 심리학적으로 구축되는 것이 된다. 하지만 노베르그 슐츠는 "전체성을 가리기 위한(매개 대상)" 상식적인 인식, 유클리드의 삼차원 대상을 거부하거나 무시하는 공간의 맥락적 단일체들에 만족하지 않는다. 이러한 측면에서 그의 비판적 소견은 제비(Zevi)의 역사적, 현대 건축의 최종적인 의미의 정당화로서 공간의 추상적인 형태에 대한 선호를 언급하는 것처럼 보인다. "형태 이론의 기초로서 흩어지는 공간 개념을 도입하려는 모든 시도들은 틀림없이 혼란스럽기에 거부당했을 것이다. 다른 한편, 순수하게 유클리드적인 공간 개념의

다음을 참고할 것. *Intentions in Architecture*, pp. 97-100.

이용은 다른 형태적 범주들[프랑클, 프레이, 브링크만의 범주들]로 대체되어야 할 것이다."[22]

쉽게 예상할 수 있듯이, 사실상 노베르그 슐츠의 인식론적 딜레마(후설이 특징지었을)는 그가 건축에서의 그의 애매모호한 형태의 경험에서 주된 근거로서 언어나 표현에 직접적으로 호소하게 만든다. 기호로서 형태의 표현 기능은 이 저자에게 재현적 기능과 상징적 기능보다도 특별 취급을 받기에 그 결과는 그의 형태 "범주"들이 주관적이며 일관성이 결여된 변화를 보이게 만든다. 미학에서 상대주의는 기술 목적에는 적절한 태도이나, 인식론적, 존재론적으로는 오로지 미학적 형태/내용의 특징들이 맥락과 형태가 의존하는 형태/내용의 통일성에 필수적인 세계적, 전통적 토대의 특수성과 동등하다는 점이 드러날 때만 받아들일 수 있다. 실제로 작품의 조직 구조가 제작자와 관찰자 모두의 입장에서 오로지 설명과 수사적 표현, 즉 주관적 반응에만 자의적으로 접근하는 방식을 반영한다면, 노베르그 슐츠가 분명히 드러내듯이, "형태적 전체성을 결정하는 게슈탈트들(요소들)과 관계들에 대한 설명"을 만들기 위한 이해 방식으로는 충분하지 못하다. "그 '내용과, 형태와 내용 사이의 관계들'을 망라하기 위한 구조 개념을 확장시키는 것"은 작품에 대한 충분한 설명이 아니다. 만일 사실상 설명되어야 하는 것이

22 *Intentions in Architecture*, pp. 100-101.

형태와 내용의 실제적인 종합을 통해 확립된 형태와 내용 사이의 **창조적**이며 **수용적**인 관계들이 아니라 작품의 별개의 "요소들"의 다양한 우연적 원인들이라면 말이다." 창조된 작품으로서가 아니라 대상으로서 게슈탈트에 관여하는 별개의 요인들, 예를 들어 "공간", "경계", "재료 사용"[23]과 같은 별개의 요인들을 단순히 언급만 하는 것은 재현적, 상징적이며 표현적인 예술 작품에서 불가분의 전체에 포함된 점을 정당화할 수 없을 것이다.

예술 작품에 관한 하이데거의 접근 방식을 진정으로 적용하는 것을 통해 입증되듯이, 게슈탈트나 작품의 전체성은 물질적 대상을 개념적으로 통제하는 인식으로 이해되어서는 안 된다. 이러한 게슈탈트나 작품의 전체성은 사실상 **창조된 이미지**, 즉 서술 목적보다도 앞서 존속하는, 작품의 재현적, 상징적, 표현적 가치들을 결합하는 창조적 관계와 지시의 초점이다. 가치와 기능 그리고 가치와 작품의 이러한 불가분의 결합이 적절히 인정받을 때, (a) 작품의 존재와 의미는 단순한 고려의 측면이나 방식으로서 서로 구별되는 것이 되며, (b) 존재와 의미의 이와 같은 결합은 작품 그 자체의 창조적이거나 재창조적인 아우라로서, 즉 패러다임의 맥락, 즉 세계(2)라는 맥락에서 개별적인 대상이나 관계의 의미와 비교될 때 예술 작품의 전체 세계의

---

23 *Intentions in Architecture*, p. 101.

맥락에서 의미의 과잉으로서 손쉽게 이해된다. 그때 작품은 세계(3)과 (4)의 영역과 종합적/분석적 관계를 만들어낸다. 노베르크 슐츠처럼, 인식, 개념화, 언어와 같이 인간 주체의 특별한 심리적 가능성에 호소하여 의미를 찾을 이유가 없다.

노베르크 슐츠가 전개한 건축 이론과 비평, 특히 바로크 건축과 관련해 찾을 수 있는 해석 범주의 오류와 문제들은 그의 인식론(분석 철학, 후설, 게슈탈트 심리학)과 미학(바로크, 모더니즘)의 절충적인 혼합과, 불완전하며 편파적인 이해에 그친 존재론(데카르트적 공간, 하이데거적 공간)에 대한 호소의 혼합에서 나온다. 이러한 혼합에서 나오는 오류와 혼동 중에서 가장 눈에 띄는 것은 앞에서 분명히 드러난 것이다. 작품에 대한 주관적, 객관적 관점의 과도한 분리와 두 가지 중 하나에서 다른 하나로의 부주의한 전환, 작품의 존재를 그 중요성 및 의미와 과도하게 분리하는 것, 기호로서 작품의 세 가지 기능의 과도한 분리와 각각의 기능이 지니는 기초적 역할과 관련된 강조점의 부주의한 전환. 마지막으로 중요한 것은, 물질적 대상으로서 작품과 세계의 [재]창조물이라는 미학적 요인 사이의 설명할 수 없는 혼동이다. 그런 모든 이론적/비평적 문제들이 이때 요약되는데 그 문제들은 이 저자 및 실증주의적 한계에서 건축 이론을 자유롭게 만들기를 바라는 다른 개혁가들이 인용하는 철학적 원천들을 보다 진실하게 이용하기 위한 시급한 필요성을 가리키기 때문이다.

그런 노력을 하는 목적과 마찬가지로 본 연구의 목적은 하나의 세계라는 맥락에서 미완이며 항상 그 자체로 창조 및 재창조 과정 속에 있는 창조적 실제로서 예술 작품에 몰입하는 선호에 이론적/비평적 방법론을 만드는 데 있다. 후설이나 하이데거의 이름을 언급하거나 체계적인 맥락 없이 세계에 관한 존재론적/실존적 해석의 일부를 전용하는 것은 건축 연구에 적합하지 않다. 그런 전용을 넘어, 이와 같은 존재론적 연구 및 방법론적 근거들의 정확한 의미와 이론적/비평적 결과물들은 반드시 신중하게 따라가고 존중받아야만 한다. 후기 후설 및 하이데거 그리고 그와 비견될 함축과 결과를 지닌, 예를 들어 베르그송, 메를로 퐁티, 질 들뢰즈(Gilles Deleuze)와 같은 다른 존재론적 입장들 간의 관련성도 마찬가지로 적절한 시기에 인식되고 주목받아야만 할 것이다.

4.4 페레즈 고메즈와 바로크 건축: 살아 있는 세계 또는 패러다임의 퍼즐?

앞에서 시사하는 바처럼, 17, 18, 19세기 모더니즘 건축의 기원에 관한 이론적, 역사적 논의에서 오해와 혼동은 전혀 드물지 않다. 보다 최근의 광범위한 발설을 통해 현상학적 전통의 관점에서 실증주의의 극복을 강조하는 저작에서 다루는 비슷한 오해에 관한 논의도 똑같이 도움이 될 수 있을 것이다. 문제의 저작은 알베르토 페레즈 고메즈(Alberto Pérez-Gómez)의 『건축과 근대 과학의 위기(Architecture and the Crisis of Modern Science)』라는 저작이다. 페레즈 고메즈에 따르면, 인간 존재가 누리는 지식의 주된 형태는 인식이나, 후기 후설과 메를로 퐁티에게서 차용해 온 이러한 인식론적 능력에 관한 그의 해석은 그 주 저자들의 존재론이 지닌 인식론적 측면에 관한 오독 때문에 크게 제한된다. 여기서 시사하는 바는 경험의 형태와 내용에 관한 전면적이며 분명한 신칸트주의적 함축으로 이어진다는 점인데 그런 인식론적 측면들은 후설에게서 분명히 드러났으며 하이데거와 메를로 퐁티에게서는 명백히 극복된 것이다.

먼저 반드시 언급되어야 할 것은 페레즈 고메즈에게 인식은 항상 "범주의 골자"에서 반복적으로 생겨나며, "선험적인 신체 구조 및 세계와의 관여"와는 분리할 수 없는 것으로 특징지어진다는 사실이다. 세계의 과정에 몰입하는 창조적 이미지에 대한 개념 및 지각 대상의 인식론적 특권화는 노베르크 슐츠의 이론보다 앞서 지적된 것이다. 상상적 창조에 대한 이 개념과 인식의 특권화는 페레즈 고메즈의 이론적 입장에서 일찍부터 나타난다. 고메즈는 후설의 『유럽 과학의 위기(Crisis of European Science)』에 호소하면서, 17-18세기에는 인식의 개념적 골자의 교체가 **형식적** 형태를 실재에 관한 **초월적** 의식과, 주체를 대상과, 이론을 실제와 분리시키는 것으로 이어졌음을 지적한다. 페레즈 고메즈에 따르면, 경험에서 그런 극단적인 분리는 결국 근대 과학의 위기에 수반된 근대 건축의 위기로 이어지고 말았다. 하지만 이 저자에게는, 마찬가지로 개념적으로 구성된 인식과는 반대였던, 시적인 인식 방식도 존재하며, 이는 개념에 의해서가 아니라 "선험적 신체"와 일련의 초월적 믿음을 이용하는 인간 주체의 행위에 의해 구성된다. 이 일련의 믿음은 페레즈 고메즈가 고대의 신화, 플라톤과 아리스토텔레스의 형이상학, 중세와 르네상스의 마법과 연금술, 근대의 합리주의적 형이상학을(다소 낯설게) 결합하여 구성하는 것으로 예측할 수 있으며 측정할 수 있는 자연 현상의 작용에서는 찾을 수 없는 인과적 원리들의 존재론적 요소들을 담고 있는 말이다.

두 번째로, 그러한 기초적인 추정에 따라 이해할 수 있는 것은, 페레즈 고메즈에게 기하학과 숫자는 전체는 아니더라도, 적어도 일부분이며, 인식을 지배하는 개념적 골자를 구성한다는 점과, 신화 및 습관이 결정요소들일 뿐만 아니라 시적 인식의 구성물이라는 것이다. 사실상, 인식의 기초적인 결정 요소 문제는 페레즈 고메즈에게 보다 까다로운데 그가 고대에서, 르네상스까지와, 그 시대를 지나 처음 근대적 태도가 나타난 시기까지, 기하학과 숫자가 신화 및 형이상학과는 떼어놓을 수 없이 연결되어 있다고 입증하려 하기 때문이다. 이어서, 그의 관점에서는 17, 18세기 동안 기하학과 숫자의 개념 체계가 점차 그 자체들이 존재론과는 분리되었으며, 현상의 인식과 통제를 위해 순전히 인식론적, 형식론적인 방식이 되었다.

셋째로, 이처럼 보다 이전의 건축 경험에 대한 분석에서 결론지을 수 있는 것은 근대 이성과 근대 건축의 역사적 발전이 인간 사고의 완전한 기능화로 이어진다는 것이다. 이러한 관점에서, 역사적 발달은 20세기의 시작에서 기능주의 건축, 즉 당대의 많은 건축 비평가 및 역사가들과 함께 국제적인 기능주의 운동과 동일하다 여긴 모더니즘 건축이 페레즈 고메즈라는 결론이 분명해진다. 바로 이때, 이러한 역사적 과정의 핵심에서 중요하게 강조되는 것은, 페레즈 고메즈가 기하학을 신화와 형이상학에서 분리시키고 별개의 인식 방식에 따라 인식론 및 과학에 완전히 부착시킨다는 점이다. 엄밀히 말해 기하학과 숫자가 한 가지 인식 영역에서 다른 영역으로 옮기는 것은 페레즈 고메즈에게 이성과 경험의 기능주의 및 상징적 의미와 가치의 완전한 상실을 구성한다.[24] 앞에서 기하학 및 숫자의 분리 및 재결합이 일어난 문화 영역은 건축이다. 그에 따라 건축은 최종적인 목적이나 제약이 전혀 없는 절대적이면서도 자율적인 기술을 최초로 현실화하게 된다.

여태 확대된 형식화의 과정으로서 근대성에서 이성의 역사에 관한 이와 같은 해석에는 애매모호함이 뿌리깊게 존재한

---

24 여기서 부연 설명한 해당 저자의 입장은 *Architecture and the Crisis of Modern Science*, Cambridge, MIT Press, fifth printing, 1990, pp. 3-14.의 서문에도 포함되어 있다.

다. 그러한 이성의 이해는, 자연과 인간의 생활을 망라하며, 경험을 분류적, 예측적 관계의 발견과 적용이라는 목적도 끝도 없는 게임으로 바꾼다. 하지만 그 이론은 어떻게 그런 변화들이 위기 이외에 가능할 수 있는지, 그리고 어떻게 문화에 대한 이런 비판적 퇴보가 역사의 실증적 측면에서 작품의 가치와 관련해 위치하는지를 설명하지 않는다. 그러한 상황에서 그 이론은 역사적 과정을 필연적으로 자명하게 존재한 일련의 하락단계로 인식한 고대의 역사 철학들과 비슷하다. 그러한 사변적 가정에 반박하기 위해, 여기서 틀림없이 명료하게 밝혀야 하는 점은 근대 서양사로의 이행에서 형식화의 우위라는 페레즈 고메즈의 이해에는 깊은 해석적, 역사적 오해가 존재한다는 점이다. 형식화와 관련된 용어상, 방법론상의 애매모호함은 페레즈 고메즈에게서 "초월적" 및 "[신체적] 선험"이라는 용어들의 의미에 가장 분명히 집중된다. "초월적"이라는 용어는 철학의 역사에서 이중적인 의미를 지녔다. 한 가지는 존재신학에서, 다른 한 가지는 지식론에서 의미를 지닌다. 첫 번째 의미에서의 초월적은[25] 감각적으로나 심지어 개념적인 경험 **이상의** 것을 의미하며,

---

25 페레즈 고메즈는 후설의 저작 『형식적, 초월적 논리(Formal and Transcendental Logic)』를 인용하면서, 형식적인 것을 의미의 "통사적"(統辭) 원천과 동일시하는 반면, 초월적 그 자체는 의미의 "의미론적" 원천과 같다고 여긴다. 반드시 분명히 드러나야 하는 점은 그런 동일시가 후설이 아니라 페레즈 고메즈가 언급하는 논리 실증주의자들[나이글(Nagel)과 뉴먼(Newman)]을 보다 더 많이 따른다는 점이다.

그에 따라 지적인 직관이나 신비적인 계시와 관련성을 지닌다.

형식적인 실증주의적 논리에서, 통사적, 의미론적인 것들은 단순히 경험적이거나 관습적인 관계들의 수준으로만 존재한다(의미론적인 것은 전체나 상관적인 단위들의 주요하거나 자명한 것을 수반한다. 통사적인 것은 그런 관계들과 결합된 전형적인 기능적 연속성을 동반한다). 후설의 직관론에서 형식과 초월 간의 구분은 통사적인 것과 의미론적인 것 사이의 구분과 일치하지 않는다. 초월적은 객관적 내용물이나 한계이며, 그 특징이나 관계, "문제상황"으로써 행위, 언어, 인식의 표현에 대한 숙고를 통해 찾을 수 있는 것이다. 다른 한편, 후설에게 형식적인 것은 관계의 가장 단순하면서도 가장 일반적인 일련의 양식들이다. 후설이 주관적인 시간 경험으로 입각하기에 앞서, 형식적 관계들은, 특히 『논리 연구』에서 이상적인 연결, "그리고", "또는", "그러면"(if then)과 같은 논리 접속사이나, 정말로 보편적이며 사고로서 특별한 언어의 형태적 구조에 앞서 판별나야 할 주-술어 구조로 정의되었다. 후설은 이상적으로 안정적이며 반복할 수 있는 의미의 단위를 나타내거나 나타내는 데 도움을 주는 한 형식적인 것을 사고의 선언적이거나 계시적 측면으로 간주한다. 오로지 의식적으로 받아들이는 불변성에 직관적, 반성적으로 접근하는 관점에서, "초월적"과 "형식적" 모두 후설에게는 초월적인 것이다. 그것이 왜 그가 스스로 관념론자로 간주했는가에 관한 이유이다. 그의 후기 저작에서 단순히 초월적인 것은 인식적, 실제적 필요를 통해 찾을 수 있는 "실제의 정수"를 포함하며, 예를 든다면 항상 확장되는 색깔이 있다. 마찬가지로 "언어의 정수"도 포함하는데, 예를 들자면 특별한 언어들의 연설 일부가 있다. 최종적으로는 과학에 합쳐진 범주나 패러다임들의 특별한 체계들도 포함된다. 다른 한편, 형식적인 것은 후설에게는 항상 궁극적이며 가능한 한 가장 순수한 관계로 남아 있으며, 의식적인 내용과 행위들의 흐름에서 종합적이거나 결합적인 연속성이라 알아볼 수 있는 것이다. 결론적으로, 의식의 명확한 내용은 점차 형식적이게 된다. 그 형식성은 단정적이거나 개념적인 수준에서, 즉, 형태의 체계나 계통, 세계나 패러다임이 세워질 때 완성된다. 그러한 모든 형태들은 후설에게 초월적이며, 말하자면 물리적, 생물학적 인과관계의 산물이 아니라, 자기 구축적이며 자기 동기부여적인 의도상의 영역을 구성한다. 이 영역은 후설이 처음에는 객관적

두 번째 의미에서, 초월적인 것은 감각적인 경험에 **앞서며, 선험적으로** 가능하므로, 따라서 감각적 경험으로는 끌어낼 수 없다. 이러한 맥락에서, 선험적인 것은 항상 판단 행위에 관여하므로 따라서 정신의 일정한 실현을 구성하는 지각이나 이해의 형태를 의미한다. 이러한 측면에서, 선험적인 것은 그 실제 행위 및 감정적 충동에 관해, 살아 있는 신체의 형태가 된다고 말할 수 있을 것이다. 하지만 "신체의 선험적인 것"이라는 용어는 최종적인 분석에서는 잘못된 이름이며, 이는 신체가 행위보다 **앞서** 구성되는 것이 아니라 **함께** 구성되기 때문이다. 하이데거에게, 형태와 행위의 공통 근본은 단순히 지식을 숙고하여 확립되는 것이 아니라 변화하더라도, 세계를 명료하게 만드는 방향으로 향하는 행위를 지향하여 확립되는 것이다. 하이데거에게서는 초월적 영역이 존재하지 않는다. 존재는 행위와 선택을

으로, 나중에는 상호주관적인 성향을 띤다고 생각하였던 것이다. 하지만 생활 세계나 전(前)서술적인 의도성에 대한 설명이 후설의 『위기』와 『경험과 판단(Experience and Judgment)』에서는 하이데거의 환경성과 세계의 의식에 대한 논의만큼 완전하지는 못하다. 후설에게 전(前)서술적인 것은 완전히 확립된 개념적 패러다임들 및 그에 대응하는 언어상의 조직체에서 항상 숨겨진 채 함축적으로 남아 있다. 후설에게 하이데거의 세계(3)과 세계(4)는 경험에서 판단과 그 이면까지 확장되는 연속적인 인식론적 전반과 연결된다. 이성은 후설에게는 최종적으로 목적론적인 맥락으로 존재한다. 반면 하이데거에게 세계의 창조와 재창조, 대상과 인간 존재는 이성이 희미하며, 대단히 선별적으로 구축된 대응물로 존재하는 최종적인 목적론적 맥락에서 존재한다.

통한 인간 존재의 사례에서 그 자체로 확립되는 것, 즉 초월하는 것이다. 그리고 행위의 형태, 개방, 유지, 회복, 요컨대 창조의 형태는 틀림없이 예측 및 [재]인식의 형태와 동일하지 않을 것이다. 주체와의 만남에서 손안의 것은 준비된 것과는 엄격히 다르므로, 선험적인 것과 같이 이론적으로 그에 적용될 수 있을 이러한 경험 양식의 범주도 있을 수 없다.

그 두 가지 중요한 용어, 즉 "초월적인"과 "선험적인"의 애매모호함으로 인해 초래된 경험적 혼동과 개념적 어려움은, 페레즈 고메즈가 초월적인 통념이나 믿음에서, 고대의 신화 및 형이상학, 기독교 신학, 중세 연금술, 르네상스 마술, 합리주의적 형이상학의 이질적인 경험 양식을 동일하다고 분류한 이유이기도 하다. 그 혼동은 그런 모든 믿음이 처음에는, 후기 후설이 "경험의 기하학"이라 지칭하며 존속한 것과 뒤엉킨 채 결합할 때, 그리고 근대성 이전에 인간의 생활을 특징지었으며, 추정컨대, 우리의 가장 깊은 관심과 열망 속에 여전히 잠재되어 있다고 말할 수 있는 경험의 상징적 의미와 뒤엉킨 채 결합할 때 혼합된다.[26] 이와 관련해 분명해지는 것은 후기 후설에서 생활세계의 원리들이 어떤 역사적, 문화적 표현에 절대 **명료히** 합쳐지지 않는다는 점이다. 그것들은 항상 고립되어 있

---

26 고전 기하학과 후설의 생활세계 기하학의 동일화는 *Architecture and the Crisis of Modern Science*, p. 5.에서 구체적으로 이루어진다.

으며 전(前)서술적이며 상상적인 구조에 이르는 추정으로 이해된다.[27] 보통 말하는, 생활세계의 원리들은 하이데거와 가다머(Gadamer)에서의 현상학으로부터 발전한 해석학 분야의 적절한 대상이 되었다. 생활세계의 원리들은 전(前)의식적인 인식

---

27 후설은 『유럽 과학의 위기』에서, 과학의 "이상적인 것(idealities)"을 만들어내는 생활세계의 추정과 그런 이상적인 것들이 표현되는 명제 구조나 "언어" 사이의 차이점을 주장한다. 전자 없이 후자를 체득할 때, 대상에 관한 지식을 제공하는 "이상적인 것들" 또는 직관적 감각은 진짜가 아닌 방식으로 이해된다. 생활세계의 추정과 그 생생한 변형은 전통을 구성한다. 그리고 오로지 전통은 하나의 문화에서 기초적인 태도와 관습 그리고 문화적 관습에서의 변형들에 대한 현상학적 탐구를 통해서만 확인될 수 있다. "기하학처럼 그 기원에서 진실인, 과학의 진정한 전통의 역사적 가능성에 의존하는 본질적인 추정을 내보임에 따라, 우리는 어떻게 그런 과학이 수세기 동안 생생하게 발전할 수 있었고 여전히 진짜[경험]가 아닌지 이해할 수 있다. 추정과 새로운 추정 및 이상적인 것을 논리적으로 구축하는 방법을 물려받는 것은 한 시기에서 다음 시기까지 방해 없이 지속될 수 있는 반면, 그 최초의 시작을 부활시키는 능력, 즉 나중에 이르게 될 모든 것에 대한 의미의 원천은 물려받는 것이 아니었다. 따라서 모든 추정과 이론에 의미를 부여했고 부여하는 것에서 엄밀히 결여된 것은, 몇 번이고 자명해질 수 있는 최초의 원천에서 나오는 의미다." Edmund Husserl, *The Crisis of European Science and Transcendental Phenomenology*, translation and introduction by David Carr, Evanston, Northwestern University Press, 1970, p. 367. 이어서 후설에게, 유클리드 기하학이나 피타고라스 기하학은 생활세계 경험의 일부가 될 수 있는 것이 아니라 그런 기하학 아래 숨겨진 문화적, 실존적 태도들에서 나온 것이며, 모든 시대 과학의 다른 모든 추정들처럼 현상학적으로 드러나야 할 필요가 있다. 이처럼 드러나는 것을 후설은 과학적 방법과 언어들을 진정한, 창조적인 경험의 일부로 만든 "부활"이라 부른다.

발휘, 감정적이며 상호작용하는 사회의 일상적 과정과 의례들, 그리고 예술에 그 뿌리를 내린다. 그러한 경험 영역들에서 생활세계의 원리들은 형태로 확립되는 것이 아니라 오로지 만들어지는 형태들로 확립되며, 공동체에서 인식된 가치있는 생활의 성취나 제도들과 언제나 결합된다. 이런 이유로, 그런 원리들이 기록이나 기념물의 정신으로 존재한다. 관습적으로 구축된, 텍스트와는 반대로, 그것들은 철학적 개념, 정치적 지배, 신학적 믿음으로부터 일관적으로 해방된다는 점에서 지극히 중요하다. 생활의 가치관을 실현하는 후자의 주장은 뿐만 아니라 그것들만의, 자연에서 널리 인식되는, 비준(validation)에서 서로 다른 근거와 규칙을 지닌다.

앞에서 그 윤곽이 그려진 심한 인식론적 애매모호함과 혼동은 페레즈 고메즈에게서 이질적일 뿐만 아니라 상호 배타적일 수 있는 다양한 잡동사니들로 일괄될 상징에 관한 정의로 이어진다. 페레즈 고메즈의 상징에서 혹자는 마법, 플라톤주의적이거나 아리스토텔레스주의적인 형식들, 기독교의 신, 정신으로서의 영혼, 데카르트의 **코기토**, 뉴턴의 중력, 국왕의 절대권력, 레오나르도의 모나리자, 보로미니의 로마, 구아리니의 토리노, 베르사유의 궁전의 산물과 방식을 설명할 수 있을 것이다. 전(前) 또는 비형식적인, 기능주의적 세계관, 즉 신화, 형이상학, '경험의 기하학'의 모든 산물에서, 혹자는 '초월'의 실체화나 물질화와 마주하며, 그러므로 그것들은 반드시 이 저자를 따라 '시적 인식'이라 말해야만 한다. 이 다양한 문화적 형태의 잡동사니에서 놓치거나 무시되는 것은 눈앞의 것의 한 시대 및 그 양식에 관한 합리적 태도[세계(2)]를 알려주는 다양한 인식론적 패러다임에 따라 이해되고 해석되어야만 한다는 사실이거나 특별한 세계**에서** 그리고 특별한 전통을 **위한**[세계(3, 4)] 존재의 개방성을 구현하는 독창적 창조물로 설명되어야만 한다는 사실이다.

그러한 이유들은 고대의 형식주의적 패러다임에서 17-18세기에 점차 갈릴레오와 뉴턴의 기계주의적 패러다임으로의 대체가 일어난 형이상학에 어째서 수학과 기하학이 여전히 접합된 채로 존속하는지를 설명해준다. 정확한 것은, 이러한 패러다임의 전환이 완성되었을 때는 비율의 계산, 분석 기하학, 역학과 천문학에서의 유사한 발전이 미시적 비율(infinitesimal ratios), 연속적으로 가속되는 운동, 관성과 무한한 우주 개념을 이루는 관계들의 망이 등장하는 것을 통해 통일된 관점을 얻었을 때라는 점이다. 하지만 지식이론에서 과학 혁명이나 코페르니쿠스적 전환에 관한 일반적 연구들이 자주 무시하는 것은 그 시작에서부터 형식주의적 패러다임이 기계주의적 구성요소를 지닌다는 사실과 기계주의적 패러다임은 물질과 특성이라는 범주들로 완전히 없앨 수 없다는 사실이다. 18세기 끝 무렵에서 19세기 초 무렵, 완전한 '기능화', 물질과 특성의 관계적 측면들로의 변환은 지식이론에서 형태를 드러내기 시작했고, 새로운

패러다임인 유기주의가 세계(2)의 이성을 구현한 형식주의 및 기계주의와의 경쟁에 착수했다.[28]

알레고리라는 합리적 장치 및 보편적인 건축, 문화의 패

---

28 그리스 형이상학에서, 특성으로서의 미를 포함해, 숫자와 물질 및 특성의 매혹적인 관계는 튀빙겐 학파[크래머(Krämer), 가이저(Geiser)]와 플라톤과 아리스토텔레스의 형식 이론에 관한 새로운 연구들에서 효과적으로 추적되었으며, 한스 게오르그 가다머(Hans Georg Gadamer)와 조반니 레알레(Giovanni Reale)에 의한 연구들에서는 형식주의의 존재론적 기초에 혁명을 일으켰다. 다음의 인용구는 형식주의와 기계주의가 분리될 수 없을 뿐만 아니라, 일관적이든 그렇지 않든 간에 다른 체제상의 범주와는 항상 함께 접할 수 없다는 위의 주장을 뒷받침하기에 충분하다. "O. 퇴플리츠(O. Töplitz)는 그리스인들에게 숫자가 정수, 즉 일종의 컴팩트 수량(compact quantity)으로서뿐만 아니라, 명확히 드러나는 수량의 관계이자 로고스들의, 유추들의 수량이라는 단편들로도 여겨진다는 점을 입증했다. 만일 그러하다면, 그리스의 로고스는 본질적으로 숫자상의 영역과 결합되며, 그러므로 본원적으로 관계를 의미하게 된다. 결과적으로, 그리스인들에게 숫자로 관계를 환언하는 것도 자연스러우며, 관계를 숫자로 가리키는 것도 정확히는 숫자와 관계 사이에 이렇게 존재하는 연관성 덕분이다. 이러한 설명의 기초에서 우리가 논의해온 어려움의 해결책이 존재한다. 각각의 관념은 보다 크고 작은 보편성에 따라 그리고 다른 관념들(상하관계로 존재하는)을 지니는 관계들의 대체로 복합적인 형태에 따라, 가지계(intelligible world)에서 정확한 위치에 자리잡고 있다. 이런 이유로 이러한 관계망은 변증법에 의해 재구축될 수 있고 결정될 수 있으며, 설명된 이유들로 인해, 숫자로 표현될 수 있다(관계를 표현하는 숫자라고 가정하면). 그러므로 관계로서 숫자 개념(로고스)에 [플라톤의] 쓰이지 않은 교리들에 관해 이와 같이 진정으로 정밀한 명제의 이해와 해석을 위한 핵심이 존재한다." Giovanni Reale, *History of Ancient Philosophy II: Plato and Aristotle*, trans from the Italian and edited by John R. Catan, New York, SUNY Press, 1990, p. 74.

러다임들 간의 상호작용에서 상징 개념의 대안적 해석을 나타낸다는 점은 본 연구의 결론을 위해 남겨두어야 할 것이다. 이 시점에서 중요한 것은 페레즈 고메즈의 상징성의 정의가 공간과 건축에 대해 이해하는 방식의 결과이다. 즉, 정적인 공간 예술의 이 이론적 혼합물에 남아 있는, 경험 영역으로서 애매모호한 상징성의 정의가 공간과 건축에 대한 이해로서 지니는 결과를 생각하는 것이다. 확실히 노베르크 슐츠처럼, 페레즈 고메즈에게 바로크 건축의 공간은 그 상징적 함축들과는 관계없이, 모든 현상을 포괄하고자 변화하고 시도한 근래의 운동 과학과 결합된 유클리드 기하학의 공간으로 존재한다. 처음에는 갈릴레오적인 "바로크적 종합"은 여전히 전개되나, 세계의 패러다임은 주로, 즉 근본적으로는 플라톤적이거나 아리스토텔레스적인 방식에서 형식주의적인 반면 기하학적으로 의도된 새로운 운동이라는 요소들, 예를 들어 낙하 운동의 법칙, 진자운동, 기타 등등은 완벽히 순환적인, 균일한 플라톤적 운동의 토대에 부수적으로 더해진다.

기묘하게도, 옛날 우주론에서 우주는 프톨레마이오스가 부여한 **이미지**가 유리나 에테르의 구체로 경계가 지어지기 때문에 폐쇄적이라고 설명된다. 다른 한편, 일부 해석가들이 말하는 바와 같이 새로운 물리학에서의 우주는 상상의 공간으로서 개방성을 지닌다. 실제로, "바로크적 종합"에서의 공간은 특히 예술과 건축의 영향 아래, 연속된 운동의 이미지와 본질적으로 결합된다. 베이컨과 갈릴레오의 물리학에서, 우주는 물질과 정신이 특별한 공간과 시간을 배열하고 질서를 부여하는 신의 의지와 조정에 종속되어 있기 때문에 개방적이라 간주된다. 더 나중에 그런 조정은 절대 멈추지 않는 운동을 합리화한 우주적인 조화나 우주적인 균형이라는 원리들로 하나가 되고 정당화된다. 우주의 "개방성"이나 "폐쇄성" 문제는 중요한데, 유한한 것으로서 에너지의 활력론적 모델을 가리킨다는 점에서 개방이나 무한으로 나타나며 기계적, 기하학적으로 그려지는 운동으로의 대체를 위한 주요하면서도 정당한 이유이기 때문이다. 세계의 그러한 이론적 변형이 패러다임들에서의 명백한 변화를 구성하긴 하나, 그에 따라 바로크적 종합에서의 공간이 상관적, 부정적, 추상적인 의미들과 더불어, 기계주의적 물리학의 기하학적 형태에서 경계를 이루는 실로 무한한, 상상의 공간이라고 동일하게 말해야만 하는가? 아니면 오히려 스피노자의 능산적 자연이나, 라이프니츠의 생명력이 생명을 불어넣는 무한한 창조성의 직관 속에서, 누구나 존재의 동일한 의미, 파르메니데스(Parmenides)의 구체와 헤라클레이토스(Heraclitus)의 만물의 흐름에서 작동하는 같은 보편적 창조성을 찾을 수 있다고 말해야 하는가?

하이데거의 관점에서, 일시적으로 지속되는 존재에 대한 그의 이해에서, 자연의 질서정연한 모든 변형에서 상상되는 대립은 물리적이든 유기적이든, 지역적인 존재론적 수준에서 일어나는 것이 아니다. 그보다는 우연성의 "폐쇄성"과 스피노자가 **자존성**(conatus)이라 부른, 존재하기 위한 노력과 모든 수준의 실재에서 일관되는, "개방성" 사이의 본원적인 대립이다. 하이데거가 자유를 "자연"의 깊은 의미에 의거하는 목적과 수단의 변이성으로 정의할 때, 그는 순수한 의지와 같은 인간의 어떠한 재능에서 나오는 자유를 완전히 구분하며, "자연의" 창조성의 경험과 연관 짓는다.[29]

> 자유의 본질은 **본래** 의지나 심지어 인간의 의지의 인과관계와도 관련이 없다.
> 자유는 명료하고 환하다는 의미, 즉 폭로된다는 의미에서 열려 있는 것을 지배한다. … 모든 폭로되는 것은 감추고 숨긴 것에 속한다. 하지만 풀려난 것—수수께끼—은 은폐되고 항상 그 자체를 숨긴다. 모든 폭로되는 것은 열림으로부터 나와, 열림으로 향하며, 열림에 이른다. 열림의 자유는 자유로운 독단으로도, 단순한 법칙의 구속으로도 이루어지지 않는다. … 자유는 특정한 시점에서 그 방향으로 폭로되기 시작하는 운명 지어진 것의 영역이다.

---

29 Martin Heidegger, *The Question Concerning Technology and Other Essays*, New York, harper and Row Publishers, 1977, p. 25.

이 텍스트에서 하이데거는 그 자체의 전체성의 개방으로서, 예술적 창조성의 모델에 의거하여 독자에게 창조성의 의미를 제시한다. 이 개방은 우연이라는 측면에서 존재의 폐쇄성에 맞선다. 우연은 존재를 폐색시키며, 혼돈으로서 모든 은폐된 것의 원천으로 존재한다.

이러한 이유로 인해 하이데거의 관점은, 페레즈 고메즈가 자기 저작에서의 주된 주장으로 입증하려 한, 근대 기술, 그리고 특히 기능화되거나 기술화된 근대 건축은 응용 과학, 즉 신화적에서 순전히 합리적인 '지평'으로 기하학이 이동한 결과라는 점을 입증하려는 시도와는 일관될 수 없을 것이다. 하이데거에게 근대 과학은 이미 기술적이다. 게다가 기술은 인간의 창조성을 주로 에너지원의 축적으로 향하게 만든 합리적 골자의, "질서정연한/폭로적인" 또는 "틀을 씌우는" 자의적 선택이다. 만일 이것이 그 실상이라면 페레즈 고메즈가 그리는 근대 건축의 계보는 근대에 관한 하이데거의 특성짓기에 따라 뒤집히고 다시 설명되어야만 할 것이다.[30]

> 연대순으로 말하자면, 근대 물리학은 17세기에 시작된다. 반대로, 기계 동력 기술은 18세기 후반기에 겨

30 *The Question Concerning Technology*, pp. 22-23.

> 우 개발된다. 하지만 연대적 계산으로는 더 뒤인 근대 기술이, 그 안에 지배적인 본질에 관한 관점으로 볼 때는 역사적으로 더 앞선다.
>
> 만일 근대 물리학이 여태까지 점점 더 그 표현 영역이 측량할 수도 없고 가시화할 수도 없는 채로 남아 있다는 사실에 단념해야만 했다면, 이러한 단념은 어떤 연구 위원회가 지시한 것이 아니다. 그것은 틀을 씌우는 법칙에 의한 외부의 시시비비이며, 이는 자연을 고정적인 예비물로 관리의 대상으로 바라보길 원하는 것이다. …
>
> 근대 기술의 정수가 틀 씌우기에 있기 때문에, 근대 기술은 틀림없이 정확한 물리학을 이용해야만 한다. 그렇게 하여, 근대 기술은 응용물리학이라는 기만적인 착각이 나타난다. 이 착각은 본래의 근대 과학의 정수도, 게다가 근대 기술의 정수도 질문을 통해 충분히 찾아낼 수 없는 한 자활할 수 있다.

페레즈 고메즈가 '신화적 영역'과 '합리적 영역'이라 지칭한 두 가지 태도에 관해 17-18세기 전체 동안의 대립에 관해 향후의 일부 항목들을 덧붙일 필요가 있다. 만일 그가 생활세계의 경험을 이 시대 물리학과 건축에서 형식주의와 기계주의의 지적 위기나 대결 순간에 인식되고 부활되어야 하는 보다 심원한 영역이라 이해했다면, 페레즈 고메즈는 근대 건축의 기원에서의 역사적 논증을 정확히 설명하였을 것이다. 페레즈 고메즈에 따르면, 이 논쟁은 건축의 실행을 특별한 물리 법칙의 적용으로 이해하였던 이들(페로), 또는 기능화된 기하학을 디자인의 발생과 응력의 통제를 위한 방식으로 바꾼 이들[데자르그(Desargues), 뒤랑(Durand)]이 포진하고 있다. 다른 한편으로, 그는 공간이 실재의 궁극적인 특성들과 결합된 형이상학적 깊이를 지닌다고 모을 수 있는 몇몇 건축가들이 존재한다고 주장한다. 페레즈 고메즈에게 후자의 건축 이론의 계통은 정확하게 **이론**에 크게 중요성을 부여한 프랑수아 블론델(Francois Blondel)과 같이 바로크 건축과 함께 시작되는데, 왜냐하면 그것에는 기하학이 경험적이지 않고 상징적인 **보편 과학**(scientia universalis)이 되어야만 한다는 르네상스의 원리가 넘쳐났기 때문이다. 실제로, 그 건축적 전통의 이 계보학적 계통에 포함되는 저자들에게는 "17세기 기하학이 인간 실존에 궁극적인 의미를 부여하는 보다 높은 실재들과의 연결점을 제공했다."[31] 페레즈 고메즈에게, 프랑수아 블론데의 이 관점은 바로크 시대의 핵심이자 구아리노 구아리니(Guarino Guarini, 1660), 이어지는 세기에는 로버트 모리스(Robert Morris, 1728), 장 프랑수아 블론델(Jean-Francois Blondel, 1750), 로돌리(Lodoli, 1750), 불

31 *Architecture and Modern Science*, p. 40.

레(Boullée, 1780), 르두(Ledoux, 1790)에게서 이어져온 것으로, 이들 각자는 자기만의 방식으로 **합리적 영역**에서 건축의 상징적, 시적 양상을 보존했다.

앞서 진술했듯이, 페레즈 고메즈는 이러한 전통에서 인간의 관심사에 대해 어떻게든 **표현적**인 상징적 양상을 이해한다. 하지만 그는 어떻게 정말로 이러한 이론적, 창의적 계보가 로고스나 합리적 구성물 그리고 미토스(mythos)나 상징적 요소들을 모으는지 설명하지도, 그가 이러한 전통에 포함시킨 건축가들 각자에게서 다르다는 점이 뚜렷이 구분되는 로고스와 미토스들의 조화가, 진정으로 예술적이며 건축적인 전통이 실제로는 반대되고 저항할 것인, 요컨대 상관적 골자에서 건축의 종속으로부터, 그 합리적 구성물이 증대되는 합리화외 기술화로부터 관련되는 한 어떻게 그 자체로 달라지는지 설명하지도 않는다. 페레즈 고메즈는 창조적 이미지를 이러저러한 개념이 통제하는 지각 대상으로 이해함에 따라 노베르크 슐츠가 걸려든 것과 같은 근대의 인식론적 곤경에 걸려든 것 같다. 이러한 곤경에서는, 있음 직하거나 실제상의 부인에도 불구하고, 그 대상은 필연적으로 세계와는 분리될 것이다. 그리고 지각 대상과 개념들이 오로지 서로에게만 그리고 그에 수반되는 감정에만 관계를 지닌다면, 기호로서 건축 작품의 재현적, 상징적, 표현적 기능도 마찬가지로 그에 따르는 결과로서 상징적 기능의 단순

화와 더불어 분리되고 말 것이다.[32]

마지막으로, 페레즈 고메즈의 관점에서는, “상징적”인 것에 대한 이해에서 공통된 실증적 요소들도 존재하지 않으며, 합리화된 건축에 관습적으로 부여된 개념적 의미와 정당한 이유를 진정 구분할 수도 없다. 모더니티와 모더니즘은 그에 따라 이 저자에게는 무엇이든 간에 아무런 실증적 의미를 지닐 수 없다. 그 전통의 예술적 의미는 숨겨져 있으며 어떤 측면에서는 불가능한 것으로 남고 만다. 이러한 관점에서, 건축에서 위기를 만드는 요소로서 과학중심주의는 극복될 수도 없게 되며, 우리 시대 모더니즘 운동에 내재될 수도 있고 늘어날 수도 있을 이러한 전통의 복구된 의식에서도 효과적으로 대응하지 못했다. 페레즈 고메즈에게, 그러한 전통의 복원은, 포스트 모던적인 부활로 평범해질 수 없더라도, 고립된 개개의 건축가들의 작품과 그

32 바로크에서의 기능화에 영향을 받지 않은 건축 작품의 심원한 의미와 관련된 페레즈 고메즈의 모든 이의 제기에 대해 말하자면, 그는 여전히 이러한 상징주의를 본질적인 구현과 이상들과의 은유적, 환유적 결합으로 특징짓는다. 예를 들어, J. F. 블론델의 상징들은 “복수의 사원이나 사랑의 사원”처럼 건물을 인식하게 허락해주는 “두렵거나 매혹적인” 측면이 있다(p. 68). 구아리니에게서는, “상징적 본질의 특성으로 당연시되는 기하학적 형태가, 항상 감각적인 직관에서 나온다.”(p. 96) 불레의 기념물은 “비록 영웅의 시대의 후대이긴 하나, 기독교 일신론 이후의 합리적 영원성이라는 후대의 시대적 몰두를 상징화했다.”(p. 144) 그러한 것들은 언급된 저자들의 건축적 직관이긴 하나, 페레즈 고메즈에게서 그들은 초월적/상징적인 것에 완전히 병합된다.

들 건축의 전체적 의미에서 고립된 측면들이 될 수밖에 없다. 페레즈 고메즈에게 위기라는 그 관념은 역사에서 단순한 패러다임의 전환 또는 패러다임의 지배로부터의 변화가 아니라 지적, 도덕적 생활의 전체적인 가치 하락에 이르게 된다.

이 책의 결론에서, 건축의 상징주의에 대한 하이데거적 의미가 어떻게 적절히 확립될 수 있으며, 그리고 어떻게 그 전통에서 알레고리적이며 상징적인 구현에서 그것이 항상 나타날 수 있는지를 설명하기에 앞서, 이 장에서 다뤘던, 바로크 시대에서 모더니즘의 선행 및 기원을 동일하게 비판적으로 모더니즘에 관한 전형적인 건축 이론과 해석들을 검토할 필요가 있다.

5 근대 건축에서 개념적 세계(2)와 실존적 세계(3)

5
근대 건축에서 개념적 세계(2)와 실존적 세계(3): 스컬리, 노베르크 슐츠와 코쿤

5.1 서론: 모더니즘과 전통

지금까지는 건축의 창조성과 관련된 세계-내-존재의 실존적 접근 방식을 관련지어 설명하였다. 이 장에서는 이 접근 방식을 현대 건축에 적용함으로써, 보다 뚜렷하게 이 책의 의미를 전달할 것이다. 여기서 주목해야 할 세 명의 비평가와 역사가가 있다. 그들은 모더니즘을 구성하고 둘러싼 건축 및 다양한 추세와 양식들로부터 모더니즘의 의미를 명확하게 하고자 하였다. 그들이 제기한 해석과 시대 구분 문제에 특히 특별한 관심을 기울여야 할 것이다. 이 장에서 논의할 그 저자들 중 두 명은 스컬리와 노베르크 슐츠로, 우리의 역사 시대에 앞서는 건축 이론에 대한 이전 논의에서 일부 등장하기도 했다. 세 번째 저자는 앨런 코쿤(Alan Colquhoun)이다. 그는 모더니즘에서 건축의 의미에 관해 대단히 넓은 이해를 보여줄 뿐만 아니라, 그의 접근 방식은 이 책의 마지막에서 다루게 될 의미의 문제에 대해,

비판과는 반대되면서도 건설적인 입장을 마련하는 데 도움이 될 것이기 때문이다.

명확한 결론의 개요를 그리기에 앞서 지금 현재 질문해야 하는 것은 다음과 같다. 건축에서 의미의 문제를 명확히 만들기 위해서는 모더니즘을 색안경 없이 바라보는, 즉 포괄적인 이해가 왜 그렇게 중요한가? 이 문제에 답하기 위해서는 먼저 실존적 세계와 상관적(패러다임적) 세계의 혼동, 개념적 공간과 실존적 공간의 혼동, 상징과 개념적으로 결정된 인식의 혼동, 대상과 예술 작품의 공통된 이론적 혼동들을 명확하게 할 필요가 있다. 그런 혼동들은 과거 수세기 전부터 현재까지 건축과 그 이해를 방해하는 것이기도 하다. 앞의 장들에서 이루어진 이러한 혼동들을 명확하게 한 후, 우리 시대의 기능주의에 대한 무분별한 대응이 초래하는 유혹을 비판하는 것은 특히 중요해졌다. 그런 대응들이 건축의 역사를 현재의 상황에 이르기까지 과도기에서 수학적 형식화(기능화)와 널리 만연한 기술화가 성장하는 과정으로 설명하고자 시도하는 한 그렇다. 이 공통된 출발점은 페레즈 고메즈의 것과 같이, 전통에 대한 보수적 관점을 취하며, 전통이 이전에는 근대성에 의해 한 번도 위협받지 않았지만 지금은 위협받고 있다는 입장에서도, 그리고 전통을 구조에 적용된 형태의 어휘로 간주하는 19세기와 포스트모더니즘 모두의 입장에서도 공유하는 것이다.

그 형태들은 상위 문화의 표현에서 대중문화의 표현까지

이르기 때문에 장식적 요소로 사용되기 일쑤이며, 마음대로 사용되는 시적, 미화적 요소와 같이 다양한 방법으로 덧붙여지는 것으로 간주된다. 그러한 전통에 관한 관점들은 시와 시적 창조성이 지니는 독특한 의미, 즉 전통이 반드시 시간을 보존하고, 재활성화시키는 생활세계의 경험들의 매개역할을 오해하거나 무시한다. 전통의 시적 핵심에 관한 그런 관점들은 앞서 지적했듯이 시적 창조를 세계제작의 형태들로서 개념적 사고에 종속시켜 만들 수 있었다. 그러한 관점에서 예술 작품은 이론적으로 예술적이며 공통적인 인식의 불변을 결정짓는 다양한 문화적, 심리적 추출물들에 관한 개념들로 이루어진다. 개념에 대한 종속은 페레즈 고메즈 스스로가 공격한 전통으로부터의 일탈을 함축적으로 공유한다. 마찬가지로 그것은 글쓴이 및 언어로서의 건축이라는 관점을 지닌 포스트모더니즘 기호론자 및 해체주의자들이 공유하는 것이기도 하다.

시적 창조의 독특함은 체계적인 상관적 인식 및 그것을 과학과 언어를 모든 관습에 적용시키는 것과는 반대된다. 이러한 독특한 시적 창조에 대한 무시와 오해의 결과를 정확히 말하자면, 그 행위가 전통을 깎아내리는 것이다. 전통은 후설이 지적하듯이 수동적으로 읽히고 동화되는 기호, 작품, 개념의 변화하는 체계들로서 시대에서 시대로 이동한다.[1] 창조자와 창조물

---

1 "그때 표현을 수동적으로 이해하는 것과 표현상의 의미를 복원하

의 연속물로서 어떤 새로운 것이 추가되어 바뀌고 풍족해진 전통은, 필연적으로 그런 수동적인 수용에 의해 조각나고 분해된다. 진정한 의미에서의 전통은, 텍스트나 기호 구조들의 보고이며 그 의미는 정보(저장과 통신) 기능에 있지 않고 그것들을 움직이는 생활세계로의 침투를 통한 간헐적인 부활의 가능성에 있다. 그리고 또다시, 생활세계는 일련의 관습과 제도들의 모음 이상으로 존재한다. 정확히 말해 그러한 관습과 제도들을 그것들을 구성하는 일련의 작용들로 존재하며, 그것들을 좌우하는 세상에서의 지시와 언급의 "감각"(sense)에 물드는 한, 그리고 그러한 일련의 모음이 불가분의 **가치들의 배열**이라는 측면에서 이해되는 한 그렇게 그 이상으로 존재한다. 그러한 보고가 오독이나 오용으로 무시될 때, 필연적으로 두 가지의 서로 다른 일련의 결과물들이 나타난다. (1) 생활세계와의 소통에 대한 관심

여 자명하게 만드는 것 사이에는 분명한 구분이 존재한다. 하지만 마찬가지로 단지 수용성 있게, 수동적으로 다루어진 대상들이라는 측면에서의 사고에서, 일종의 행위의 가능성들도 존재하며, 이는 독창적인 행위의 자명함 없이도 오로지 수동적으로 이해되고 장악되는 의미를 다룬다. 보편적인 수동성은 서로가 연합적으로 묶이고 융합된 대상의 영역이며, 거기서 나타나는 모든 의미는 수동적으로 조립된다. 여기서 이따금 일어나는 것은 하나의 개체로서 명백히 존재할 수 있는 의미가 나타나는,—즉 가능한 복원을 통해 명백히 자명해질 수 있는(원문 그대로)—반면 실제적인 부활의 시도는 결합을 이루는 개별의 부분들만 부활시킬 뿐이나, 그것들을 전체로 통합하려는 의도는 완전히 이루어지는 것이 아니라 아무것도 이루지 못한다. … ”
E. Husserl, *The Crisis of European Science*, p. 361.

이 사라지고, 예술적, 건축적 창조물을 견고하게 만드는 "방법론"들로 대체되는 것, 그리고 (2) 전통의 해석에서 그에 덧붙이는 것으로의 이행이 그 독특하고, 상상적인 방식과 수단을 "시적으로" 상실하는 것. 이 두 가지는 곧 비평할 저자들에게서 모더니즘 건축의 해석을 방해한 건축적 역사 및 이론의 문제들이다.

앞의 모더니즘 연구의 골자에서는 모더니즘에 관한 비판적 관점의 대부분에 덧붙여야 할 점이 있다. 방금 언급한 것들을 포함해 예술과 기술 사이의 관계를 부적절하게 이해하는 데 시달린다는 점이다. 이 부적절한 이해는 인간 세계에서 존재를 지니는 대상이나 도구들과 그 세계의 재창조에 기여하는 예술 작품 사이를 구분하지 못하고, 각각을 적절히 관련짓지 못하는 무능력에서 온다. 기술, 사용가능한 도구들의 작업장과 세계 통합의 지속적인 과정에서 한 가지 대상을 다른 대상에 지정하는 절차는, 항상 인간의 조심스러운 관심사의 일부였으며, 이러한 관심사의 퇴보는 결국 인간 존재가 일부로 존재하는 세계의 과정에서 인간 존재의 기여에 제약을 가하고 만다. 건축가들이 실제적으로든 사색적으로든, 그들의 관심사에서 세계로부터 대상까지의 그들 관심사에서의 한계 및 대상에서 세계로 그들 관심사의 확장에 몰입했다는 점은 의심의 여지가 없다. 다른 한편, 기능주의의 핵심에 있는 대상들과 예술 작품에 대한 혼동은 손안의 것에 대한 태도에서 눈앞의 것에 대한 태도로의 부주의한 이행에서 나온다.

일반적으로, 그러한 혼동은 앞에서 지적한 건축가/예술가의 관심사의 한계나 확장에 내포되지 않는다. 오히려 이론적인 것과 경험적인 것에 대한 혼동은 대상을 자기들의 개념적 한계로 환원하고, 상징을 개념이나 믿음의 표상들과 관련시키고, 삶의 공간을 이론적, 한도상의 공간이라는 측면으로 바꾸는 이론가들의 관심사에서 나온다.

이러한 명확화는 본질적인데 예술로서 건축의 전통이 공예의 전통이나 다른 세속의 관심사들과 뒤엉킨 채 섞여 있기 때문이긴 하나, 모든 시기에 함축적이든 명시적이든 창조물에 관계되고 자기들의 창조물에 대한 설명과 통제에서, 인식적이지 않고 시적이었던 건축가들이 존재해왔다. 이것은 다른 시대에서처럼 모더니즘의 위대한 건축가들에게도 사실이다. 모더니즘의 이론적, 역사적 해석에서도 다른 시대와 마찬가지로, 합리적인 상관관계에 있는 패러다임들을 설계된 건축이나 그 건축가, 혹은 간단한 은유나 환유에 의거한 간단한 상징주의에 빠져든 일부 건축가들의 작품은, 실존적 주거 및 전통의 진정한 테마를 합치려는 확실한 노력들을 비판적으로 인식하고 분리시킬 수 있으며 그리되어야 할 것이다.

여기서 분명해지는 점은 그런 노력을 이해하는 현상학이, 동시에 진리(truth)이자 방식이라는 것이다. 진리로서, 그것은 (1) 실존적 경험, 생활세계, 그 가장 직접적인 생산물들의 관계를 어떻게 읽어야 하는가, 즉 어떻게 부활시키는가를 가르쳐

주며,[2] (2) 그것은 우리에게 어떻게 읽는 것을 넘어 창조 및 재창조를 이루는가, 즉 어떻게 실존적 경험과 그 기호들을 신구의 시적 경험 및 기호들로 옮기는가를 가르쳐준다. 바로크 이론에 대한 논의에서 보았듯이, 기능주의에 대한 몰입과 빈약한 이해는 비판받은 이들에게서 나뉘는 이론적 입장에 따라 인식적인 이미지로서 건축 작품을 결정하는 서로 다른 방식으로 이어진다(예를 들어, **게슈탈트**에 대한 맥락적 이해는 노베르크 슐츠가 설계와 해석의 기초로서 기계주의적-형식주의적 구조라는 위치에서 이용했던 것이다). 이러한 반응의 다른 형태는, 페레즈 고메즈의 것처럼 시적인 주거와 시적 창조의 의미를 안일한 역사적, 정치적, 사회학적, 또는 민족학적 설명에 의한 해석되지 않은 맥락에서 별개의 것으로 인식하거나, 추출한 행위와 의례들에 따라 예술

---

2 하이데거는 다음의 구절에서 현상학의 이러한 일면을 훌륭하게 규정한다. "진리가 이용하는 존재에서 진리 그 자체를 세우는 한 가지 본질적인 방식은 진리 그 자체를 작품에 넣는 것이다. 진리가 잇따라 나타나는 또 다른 방식은 정치 상태를 세우는 행위다. 그럼에도 진리가 빛나게 이르는 또 다른 방식은 단순히 존재하는 것이 아니라 대부분을 이루는 존재로의 접근이다. 진리 그 자체가 근거하는 또 다른 방식은 본질적인 희생이다. 진리가 되는 다른 방식은, 존재에 대한 사고로서, 그 문제-가치성에서 존재에 이름 짓는 사상가의 질문이다. 이와 대조적으로, 과학은 진리가 독창적으로 나타나는 것이 아니라, 구체적으로는 그 분야에서 정확할 수 있으며 정확해야 하는 그 자체를 내보이는 것을 이해하고 순응함에 따라 이미 열려 있게 되는 진리의 영역의 함양이다." *Poetry, Language, Thought*, pp. 61-62. 여기서 하이데거는 현상학적 "방식"에서 경험적 미학, 정치철학, 형이상학, 종교, 윤리 각각의 기여가 만들어낼 수 있는 것들을 보여준다.

적이며 다른 문화적인 지각이 결정되는 것으로 잘못 이해한다(실용주의적 초월). 그들의 비판적 도구 및 건축 작품에 대한 통찰에 있어 모자람은, 그 두 가지 관점 중 어느 것도 모더니즘 건축을 식별하지 못하며, 코르뷔지에(Corbusier)나 미스 반 데어 로에(Mies Van der Rohe)에게서 우리 시대에 주거와 조화되는 이미지를 위한 자재들을 재창조하는 특별한 의미를 말한다. 그에 따라 그 대가들은 만연하는 기계주의, 기념비주의나 맹목적인 도시계획으로 연상되고 만다. 모더니즘에 대한 그런 폄하들은 펠치히(Poelzig)나 멘델손(Mendelsohn)의 표현주의적 건축에서도 우리 시대의 개인과 사회의 망상과 공포를 불러일으키는 초현실주의적 형태 이외에는 아무것도 볼 수 없다.

5.2 스컬리와 패러다임

스컬리의 『근대 건축, 건축의 민주주의(Modern Architecture: The Architecture of Democracy)』에서 모더니즘에 관한 역사적, 비판적 설명의 검토가 먼저 이루어질 필요가 있는데, 이 설명에는, 앞에서 비판받은 디자인과 창조에 관하여 여러 가지로 부적절하고 흠결있는 관점들이 저자가 알맞은 것으로 여기는 여러 비율에서 단순하게 결합되고 뒤섞이기 때문이다. 스컬리는 모더니즘 건축의 의미가 지니는 핵심이 바로크적 종합에서, 형태와 내용물 모두에서 여러 긴장(tension)과 요소들을 나누어버리는 데서 나온다고 본다. 그에게 바로크와 모더니즘 사이에는 유대관계뿐만 아니라 모순도 존재한다. 당연히 유대관계와 모순의 그러한 혼합은 대체로 19세기와 겹치는 이행기에 특징적으로 나타나며, 스컬리는 '연속'과 '분열'의 '특징'(여기서는 형태와 내용의 공통 표현이라는 노베르크 슐츠의 용어에 적용된다)을 지닌다고 생각한다. 이 이행기에, 스컬리가 '질서'라 지칭하였던 바로크적 특성은 고립되고 변형됨에 따라, '연속'을 지니게 된다. 마찬가지로, '자유'의 오래된 특성도 '분열'에 빠져들기 전까지는 고립되고 확장된다. 이러한 과정은 다음과 같이 요약된다.[3]

> 그러므로 자유와 질서라는 바로크적 종합의 붕괴가 지니는 한 가지 결과는 종합에서 별개의 요소들이라는 분열이었다. 이와 같이 논리적으로 완벽히 필연적이며, 과거의 통제받는 세계의 종말은 각각의 인간이 그만의 특별한 능력, 편애, 한계를 최대한으로 자유롭게 이용할 수 있게 놓아두었기 때문이다. 그러한 분열로부터 '낭만 고전주의(Romantic-Classicism)' 와 '낭만 자연주의(Romantic-Nautralism)' 라고 느슨하게 지칭할 수 있을 두 가지 운동이 구체화되었다. 각각

---

3 *Modern Architecture*, p. 14.

의 운동은 낭만주의적이며 인간 경험의 단일하고 한정된 측면의 과장된 감정적 긴장에 초점을 맞추기 때문이다.

형식적, 상징적 측면들은 그러한 과도적 관점들 및 그에 대응하는 양식들을 특징짓기는 익숙하다. 예를 들어, 낭만 고전주의는 "조각적으로 별개이며 입체적인 형태"를 지닌다고 설명되며, "동결된 이상이라는 견고하며(hard) 직선적인 특징"을 구체화한다. 스컬리에게, 낭만 고전주의적 형식은 바로크적 "행위"와는 반대되는 "완벽"을 나타내거나, 상징하거나, 표현한다. 피라네시(Piranesi)의 상징주의를 이어, 낭만 고전주의적 형식들은 "대규모 폭력의 이미지"를 투사하며, "인간은 무서운 매스들의 위협적인 환경에서 작아진다." 스컬리에게 르두(Ledoux)의 작품들에 관한 "형식적이며 도상학적 골자"는, 새로운 자재 및 공학적 방식의 기술적 가능성들에서 그 기원을 지니지 않으며, 그보다는 스튜어트(Stuart)와 레벳(Revett), 제퍼슨(Jefferson), 르두, 손(Soane), 팩스턴(Paxton), 뒤테르[(Dutert, 파리 박람회 기계관(Galerie des Machines)], 막스 베르그(Max Berg), 루트비히와 프란츠 러프[(Ludwig and Franz Ruff, 제국 국회의사당(Reichs Congress Hall)], 그리고 마지막으로 마찬가지로 중요한 초기 르 코르뷔지에의 작품(빌라 사보아)과 같이 역사적 스타일에서 상징적 관점들과 연결된다.

스컬리의 설명에서 이러한 양식에 적용된 “고전적”이라는 꼬리표에도 불구하고, 이 양식에 들어가야 할 점은 기둥과 같은 고전적 구조의 주요 요소들이 다 같이 “사라지거나” 아니면 “돔 구조에 끼여 들어가거나” 아니면 “끊임없이 반복되도록” 만들어진다는 점이다. 아치는 “궤도와 충돌하며” 방향이 바뀌거나 “엔타블러처(entablature, 그리스로마 건축에서 기둥의 윗부분 전체를 지칭하는 말)의 간섭이 없는 벽에서 유동적으로 나타난다.”고 말해진다.[4] 명확해지는 것은 형태와 상징을 설명하는 범주들이 여기서 나뉜다는 점이다. 모든 경우 고전을 따르는 관점에 들어맞는 집단에 적절히 들어맞지 않는다고 언급된 건축가들에서뿐만 아니라(고전주의로부터 얼마나 많은 전유를 하든 간에), 고전적 어휘도 몇 번이고 되풀이해서 앞서 언급한 용례들을 등지게 된다.

이와 유사한 관찰 결과는 스컬리가 확립한 다른 과도기적 양식의 추세와 관련해서도 만들어지는데, “픽처레스크(picturesque)”라는 용어는 그에게 적당하지 않았고 낭만 자연주의라 부르기를 선호했다. 여기서 형식들은 “색채화적이고 회화적”이며, “비대칭적으로” 계획되고 집중되며, “광학적 자극”을 위해 설계되며, “적절하게 보이는 것으로 선택되고 바라는 대로 재배치된다.” 그 양식은 “시골의” “교외” 환경이나 자재

4 *Modern Architecture*, p. 12, 13.

들과 동일시되며, 그 상징성은 "도피자의 그림자"이자 "지식인의 가혹한 어려움에서 직관과 '자연적' 가치들의 세계로 도피하기 위한" 노력의 산물로 특징지어진다.[5] 또다시, 과도기의 대응물에서처럼, 이러한 추세에 같이 내던져진 건축가 집단과 작품들은 다소 어울리지 않는다. 이어지는 것들은 일부 사례들이다. 마리 앙투아네트의 '마을'(Hameau, 1782), 비올레 르 뒤크, 레겐스부르크의 '발할라'(1830-1842), 윌리엄 버터필드의 마거릿가의 '모든 성인의 교회'(1849-1859), 비스콘티(Visconti)와 르펠(Lefuel)의 '나폴레옹 3세의 루브르'(1852-1857), 샤를 가르니에(Charles Garnier)의 '파리 오페라하우스'(1861-1874), 두들리 뉴턴(Dudley Newton)의 '스튜어드방트 하우스'(1872), 그리고 프랭크 로이드 라이트의 초기 저작들이 이에 해당한다.

여기서 짚고 넘어가야 할 것은 스컬리가 모더니즘으로의 이행기를 운동이라는 측면에서 두 가지 건축적 현상으로 나타냈다는 점이다. 첫째는 1868년에서 1914년 사이 미국의 건축적 전통이다[존 어거스투스 레블링(John Augustus Rebling), 헨리 홉슨 리처드슨(Henry Hobson Richardson), 애들러(Adler)와 설리번(Sullivan), 버넘(Burnham)과 루트(Root), 윌슨 에어(Wilson Eyre), 라이트]. 두 번째는 보자르 예술 학교(Beaux Arts school)다. 본질적으로 얼마나 이질적이었든, 그리고 고전주의 및 자연

5 *Modern Architecture*, p. 14.

주의와의 관계가 어떻든 간에, 두 가지 운동 모두 스컬리에게는 마찬가지로 상징적 내용물로서 자유의 표현들이었다. 은연중에 스컬리가 가리키는 바는, 19세기의 미국 건축과 보자르 학교에서, 그 당시 특징 중 한 가지가 건축적 전통의 분해라는 점이다. 미국에서, 그 전통은 건축가들의 상징적인 믿음과 태도에 대해 실존하는 건축적 형태들의 실용적 순응에 따라 자의적으로 전유된다. 그러한 믿음은 건축가들이 문화와 풍경에 대한 수사적 읽기를 서사적인 방식에서 열거하기 위해 언급한 극히 단순한 상징들도 포함한다. 보자르 학교의 경우, 그 전통은 교육학적 목적, 특히 드로잉의 교습을 위한 건물들에 격리된 부분적인 디자인 형태들의 총합으로 분석적으로 환원된다.

19세기 모더니즘으로의 이행기에 대한 스컬리의 해석에서 근원적인 것은, 그의 예상과 대체로 동일하기 때문에, 19세기 건축의 형식과 양식의 발전과 변화 과정에서 확실한 개념적/상관적 패러다임들의 실존과 역할을 이해하지 못한다는 점이다. 낭만 고전주의의 연속과 분열의 공존으로 나타나는 것의 실제로 원인이 되는 것은, 이러한 경향에서, 고립된 기하학적 형태들과 힘들의 기계적 균형과 재료들의 배열과 같은 기계주의의 패러다임에서 나오는 범주들과, 투쟁과 대립, 전체성과 자발적인 목표의식에서 나오는 형태들의 본질적인 발전과 같이 새롭게 등장한 유기주의 패러다임의 범주들 사이의 투쟁이다. 이러한 경우가 나타날 때, 예술적 상징이 특별한 패러다임들에 통일된 개념들의 체계로 통제되는 인식 수준으로 격하될 때, 그 상징의 전통적 기능과, 더 이전의 알레고리는 인간 실재 및 실재 그 자체의 상상적 창조를 위한 장치이나, 앞선 장에서 논의했던 것처럼 다른 대상에 의한 대상의 **표현** 과정으로, **대상에 의한 관념의 상징화** 과정으로, 대상에 의한 감정 **표현**의 과정으로 바뀌게 된다. 그리고 당연히 그 모든 과정은 수동적인 심리적 연합을 통해 각각 고립된 채 이해되고 조작된다. 스컬리는 이 시기 동안 그에게 미학적 작품을 지배하던 지적 성향들을 일반화할 때 그와 같은 것을 인지한다.[6]

> … 분명치 않은 "선택들"의 행위를 넘어, 19세기에 진정으로 믿었던 것은 무엇에서인가? 그 답은, 우리가 19세기 철학, 과학, 역사적 저작에서 읽어낼 수 있는 것처럼, 그 자체로 진화론적 변화의 과정에 있는 연속된 운동에서 믿었던 것처럼 보일 터이며 … 그러므로 그 시기의 다소 정신분열적인 양극성들이 결국에는 생활의 관점에서, 즉 연속의 측면에서 가장 자연스럽게 널리 침투한 것이라는 측면에서만 해결될 수 있었다는 것은 놀랍지 않다.

---

6 *Modern Architecture*, pp. 16-17.

“철학, 과학, 역사적 저작물”에 의한 미학적 형태의 통제에 관해 이 함축적 의미는 스컬리가 미국의 건축 디자인을 수동적으로 읽는다는 점을 분명히 공표하는데 그것은 특정한 패러다임들의 개념적 공간의 표현으로, 그리고 다소 직접적으로는, 거의 선동적으로, 생활 방식을 피상적으로 규정하는 특정한 감정들의 표현으로 꾸준히 바뀌었던 것이다. 리처드슨, 설리번, 라이트의 설계들에서 스컬리의 형태의 기술적 설명은 다소 정확하고 상세하다. 예를 들어 리처드슨의 와츠 셔먼 하우스(1874)의 경우, 스컬리는 그 저택이 “그 세기 중엽에 걸쳐 그 뼈대의 표현을 매끄럽게 만들며 … 당대 영어 작품의 요소들을 수평적으로 확장된 창살망으로 … 늘렸으며, 그것들을 내포하기 위해 커다란 박공으로 까뭉갰다.” 하지만 그러한 형태의 의미를 읽으면서, 오히려 스컬리는 그가 설리번의 저작들에서 가져온 진부하며 쇼비니즘적인 직유들을 이용한다. “여기 당신에게는 살펴보아야 할 한 사람이 있다. 네 발이 아니라 두 발로 걷는 그 사람은, 활동적인 근육도 가지고 있으며 … 무익한 사소함의 세계 속에서 … 살아가며 숨 쉬는 … 한 남성이다. …”[7]

설리번의 형태를 설명하면서, 스컬리는 의인화된 직유를 버리려는 설리번의 노력을 인정한다.

---

7 Ibid., p. 17-18.

> 1899-1904년 카슨 피리 스콧 백화점에서, 설리번은 거리나 광장을 규정할 수 있는, 상보적이며, 공간의 경계가 제약된 전형을 창조했다. … 그 외관은 수직적으로 연속되나 모퉁이는 예외인데, 마치 내부의 압력에서처럼 조각난다. 기둥들은 평면과는 거리를 두며, 수직적인 '시카고' 창이 이용되는 반면, 빛이 분산되는 아래층들의 장식은 그 구역에서의 구조적 지탱이라는 모든 의미를 벗어난다. 백화점 위층은 그러므로 지면의 부착물에서 자유롭게 떠다니며 거리로 내려가는 속력에서 해방되고, 모퉁이를 돌 때의 흐름은 속력이 떨어지고 통제된다.

하지만 마지막에 이르러, 설리번의 상징성은 "인본주의적이며 조각적"이라 말한다.[8]

라이트에 대한 논의에서, 스컬리는 현상학적 설명에서 개념적 이해로 넘어가는 같은 변화와, 그가 이해한 것처럼 개념적 관계들과 그에 대응하는 단순한 은유 및 환유들에서 '상징'의 분해를 보여준다. 라이트와 관련해, 해당 논의에서 초점을 맞추는 그의 강조점은 '공간의 연속성'이다.[9]

---

8 Ibid., p. 19.

9 *Modern Architecture*, p. 20.

> … 80개의 개방적이며 수직적으로 확장된 설계도들은 아메리카 식민지의 저택들과 같은 다수의 벽난로들에서 중심을 잡아 안정화되는 반면, 공간의 교차하는 축들—마찬가지로 80개의 설계도에서 사용된 설계도의 전형인—은 현관과 테라스를 향해 밖으로 연속해서 이어진다. 전체 구조는 이 공간적 관념에서 완전해지는데, 그 건물이 공간의 연속을 늘리고 안팎으로 가소적으로 구현하려는 아물리는 표면(containing skin)을 탈피하기 때문이다.

가소적 형태에 관한 라이트의 의식을 지배하는 것은 리듬이라는 배열 장치이며, 이 리듬은 울타리로부터 닫힌 환경으로까지 확장되며, 곧 스컬리가 보다 모호하게 만드는데 라이트의 '공간'이라는 용어 사용이 그 작품의 상상적 소재를 특색 짓기 때문이다. "새로운 실재는 물질 대신 **공간**이다." 당연히, 라이트에게서 리드미컬한 형태와 공간을 그렇게 동일시한 이후, 스컬리는 위대한 미국인 건축가가 조정하거나 명확히 표현한 공간의 '연속'과 바로크적 폐쇄의 전체성 사이의 구분을 만들어 낼 것을 강요받는다. 그에 따라 그가 진술하는 바는 "라이트의 작품은 강제적으로 확장된 공간이었으며, 휘트먼(Whitman)의 민주주의적인 열린 길이나 트웨인(Twain)의 강과 같이 흘러가는" 반면, 폐쇄라는 바로크적 한계는 "인본주의적으로 고정된", 즉 인간의 비율 및 기능에 대한 숫자 및 기하학적 은유를 본뜬다는 것이다.[10] 사실상, 리드미컬한 형태는 모든 경우에서 음악적이며 리드미컬한 형태들 중 한 가지로, 이는 바로크 대위법의 화성의 경우, 그리고 라이트의 사례에서도 인상적인 음악이고 재즈를 곧 특징짓게 될 똑같은 즉흥적 화성에 뒤따르는 것이 그 주요한 차이점이다.

하지만 스컬리는 가소적으로 배치하는 장치들에 대한 모든 주장을 빠르게 포기하는데, 이미 바로크적 공간과 라이트의 공간을 패러다임의 공간으로 규정했기 때문이다. 게다가 그는 은연중에 바로크의 예술적 공간을 개념적으로 기계주의적/형식주의적 공간과 동일시하며, 같은 맥락에서 라이트의 모더니즘 공간을 유기적, 즉 연속적인 공간으로 본다. 스컬리는 오르타(Horta)나 가우디의 과도기적 표현주의 형태를 특징짓기 위해 공간에서 흐름과 연속의 개념을 이미 이용하기 때문에, 패러다임 체계들에 내재된 범주나 관계들에 대한 혼동은 조건 없이도 건축에서 모더니즘의 시작에 대한 그의 논의에 포함된다. 이러한 개념을 다루면서, 스컬리는 가우디의 구엘공원과 오히려 유사한 라이트의 설계들 중 일부에서 공간적 리듬 사이의, 연대기적이지 않은, 구성적인 차이점을 얼버무리며, 아돌프 로스의 라

10 Ibid., pp. 20, 21.

움플란(Raumplan)과의 우연적인 유사성을 지니는 라이트의 다른 설계들에서는 직선적인 리듬을 생략해버렸다. 창조적이며, 대중 문화와 이국적인 문화들에 호소한다는 측면에서, 이론적으로 복합적인 형태들의 발전은 여기서 공간 관계들에 대한 여러 패러다임적 전형들을 포함한 패러다임적 범주들에 의한 형태의 개념적 통제에서, 그리고 문화적, 서정적 공명과의 안일한 은유와 직유로 인한 유사한 형태의 통제에 희생당한다.

앞에서 다루거나, 이미 모더니즘의 서론에서 건축적 양식과 작품에 대한 그의 사례들에 대한 논평을 통해 흩어져 있는 스컬리의 방법론적 방식을 찾아 요약하는 것은 바로 여기서 이뤄지는 것이 적절하다. 역사적 건축에 대한 논의에서 그가 발견한 접근방식에 이어, 스컬리는 창조된 건축적 대상의 전체성, 즉 그 개념적 측면에서 지각적 측면에 대한 해부와 개념적 공간 관계들을 포함해 함축적이며 인지하지 못한 패러다임적 관계들을 통해 그 모든 것에 대한 특징화에서 건축적 이미지를 말한다. 하지만 "연속", "분열", "질서" [E. 카우프만(E. Kaufmann)에게서는 "연쇄", "단계적 변화", "통합"][11]나 "행위"와 같은 특질들의 패러다임적 성질에 대한 인식의 부재로 인해, 스컬리는 (1) 패러다임에 끼여 들어가는 그러한 개념들이나 상관적 전형

---

11 E. Kaufmann, *Architecture in the Age of Reason: Baroque and Post-Baroque in England, Italy and France*, Cambridge, Harvard University Press, 1955, pp. 79-81.

들 그리고 그것들이 구체적인 패러다임에 속하는 방식, (2) 상관적 전형들의 서로 다른 결합이 초래하는 실제적인 패러다임의 변화들, (3) 체계로서 패러다임들의 불순함이라는 문제, 즉 모든 패러다임에서는 양적, 질적, 실제적, 순수하게 논리적인 관계들이 항상 다양하게 뒤섞인다는 사실을 분석하지도 논의하지도 못한다.[12]

---

12 정체성, 실재성, 특성의 관계들을 둘러싸고 본원적으로 구축된 플라톤과 아리스토텔레스의 고전적 존재론(범주 체계)에서, 어떻게 감각적 미의 결정요소에서 숫자의 역할이 그럼에도 중심적인가는 앞에서도 언급되었다. 이와 유사하게, 공간과 운동을 둘러싸고 구축된 르네상스와 바로크의 존재론에서도 인격화된 사랑과 같은 정성적 관계들, 또는 다른 미덕들이 일관적으로 덧붙여진다. 이러한 뒤섞이는 범주 문제는, 화이트헤드(Whitehead)가 "범주 오류"라고 부르곤 했던 것과 비교되며, 마찬가지로 유기주의와 같은 순전히 상관적인 패러다임들에 영향을 미치며, 발달적이거나 최종적인 전체들에서 수량이나 본질(identity)의 뒤섞이는 문제들을 회피하지 못한다. 범주 혼합의 문제에 대한 인지는 건축에 중요한데 창조물로서의 건물에서, 가시성, 감촉성, 리듬, 경계(세계의 지시의 누적)나 내구성[특정한(specific) 시간적 종합]과 같은 형태적 요인들은, 실존적 주제들과의 관련성에서 지각 대상과의 관련성에서 존재할 수 있는 개념들보다도 더 유동적이기 때문이다. 훌륭한 건축적 종합은 형식적, 형상적 장치들에 의한 테마를 제시하는 이미지로서 전적으로 독특함을 지닌다. 이와 대조적으로 절충주의적인 건축적 이미지는 오히려 이따금 부조리한 만큼 진부한 결합에서 상관적인 전형들의 모방이다. 오로지 읽기 쉬울, 수동적인 쉬운 읽기와 인식이라는 미덕을 지니는 대용 작품들과 비교하여 나타나는 독창적인 건축에서 공통된 비판적 오류들이 비롯되는 것은 당연하게도 창조적 이미지의 "적절성"을(비트겐슈타인의 용어를 이용한다면), 예술 작품을 일상의 대상과 연결짓는 단순한 은유, 또는 작품과 역사적 선례들의 유사성이라는 상관적 전형들이라는 측면에서 절충주의적인 건축적 전체들을

지각 대상 및 개념으로부터의 존재와는 다른, 창조된 전체로서 건축적 이미지의 별개를 얼버무리는 그러한 임시변통적인 분석 방식은 스컬리를 건축적 사례들에 대한 그만의 설명에서 역사적 오독으로 이끈다. 일례가 될 수 있는 것은 "낭만 고전주의" 건축의 사례들에서 르네상스, 바로크의 양식적 특징들에 대한 텍스트화(앞에서 수동적인 읽기라 지칭하였던)에 대한 인식의 결여이다. 그 꼬리표 자체는 스컬리가 그 시기 예술에서 형식주의적, 기계주의적 관계들에 대해 인지했고 그가 르두, 불레, 보자르의 설계들과 같은 그런 관계들에 대한 자의적인 차용을 인정했다면 회피할 수 있었을 측면에서의 모순이다. 스컬리가 범주들을 뒤섞는 것은 그러한 디자인들의 기저를 이루는 파생적 특성과 텍스트화된 태도들에 대해, "픽처레스크 바로크"라는 어울리지 않는 용어의 사용에 대해 함축적으로 인식하여 더 복잡해진다. 이와 유사하게, 스컬리는 바로크적 무한과 무한소의 전체, 양적인 상관적 전형을 규정하기 위해 "연속"이라는 범주나 상관적 전형을 이용하며, 연이어서 완전히 다른 패러다임으로부터 유기적 관계들의 유동성과 강도도 이용한다. 그러므로 그는, 19세기에 뿌리내린, 오르타의 상징주의적이거나 표현주의적인 이미지들과 초기 프랭크 로이드 라이트의 가소적인 이미지들을 잇는다. 그러한 이미지들 전부, 개념보다는 의심스러

단순히 읽기 쉬워하는 것과 구분하지 못하기 때문이다.

운 등가성에 의거한 은유로 지금 이용되는 미노아의 예술, 헤라클레이토스의 유동성과 베르그송의 생성(becoming)의 도움을 받아 설명된다.

이 치명적인 신비화가 숙고되는 지점은 독특하게 아름다운, 페터 베렌스의 이미지들에 대한 스컬리의 모순된 설명 즉, 낭만적 자연주의의 복잡성과 모순에다가 낭만적 고전주의화된 추상의 복잡성과 모순을 추가한 스컬리의 특색짓기이다. 스컬리의 논의에서 베렌스에게서의 그런 상관적 전형들이 지니는 불가능한 결합은 이어서 혼동스러운 용어들로 나타난다.[13]

> 베렌스의 작품 그 자체는 그가 느낀 초기 낭만 고전적인 건축가들, 특히 싱켈(Schinkel)의 연결성을 가리킨다. 1909년 그의 터빈 팩토리는 놀랍도록 숙련된 낭만 고전적 형태의 기하학을 새로운—내가 생각하기에는, 똑같이 낭만적인—기계화된 자재들과 결합시킨다. … 터빈 팩토리의 강철 교각들은 측면이 노출되며, 그 옆모습은 육중한 박공의 형태를 만들어내고, 거대한 석조 벽 아래에 (시각적으로) 매달려 있는 금속과 유리의 팽팽한 장막에서부터 안으로 완만하면서 대단히 깊게 기울어져 있다. … 그것은 순수한

13 *Modern Architecture*, p. 25.

> 힘의 디자인이며, 낭만 고전주의와 기계의 낭만주의의 결합은 1910-1914년, 베렌스의 여러 훌륭한 학생들 중 한 명인 발터 그로피우스(Walter Gropius)의 파구스 공장의 형태의 기초이다.

의미심장하게도, 프랭크 로이드 라이트에 대한 스컬리의 논의를 괴롭히는 것은 똑같이 그가 바로크와 모더니즘 사이에 확립한 과도기 단계에 뿌리를 둔 절충주의적 범주들이다. 현대 건축의 중심적, 독창적 형태에 관한 이 논의에 내재된 어려움들은, 앞서 언급한 개념적으로 상관된 공간을 포함한, 패러다임적 관계들에 대해 동일한 인식의 결여에서 생겨난다.

그러한 어려움들은 라이트에 대한 스컬리의 논의에서 더 악화되는데, 이 유일하게 독창적인 건축가와 더불어, 패러다임의 변화가 일어났으나 적절히 인정받지 못하기 때문이다. 확신컨대, 20세기 모더니즘으로의 이행은 한편으로는 형식주의와 기계주의의 고전적 결합에서 나오는 개념적인 상관적 범주들("개별적", "전형", "특성", "포괄", "숫자", "크기", "운동"과 같은)과, 다른 한편으로는 순전히 진화론적인 관계들("조각", "연쇄", "모순", "전체", "초월"과 같은)의 유기체적 패러다임의 등장의 절충주의적인 결합으로 특징지어질 수 없다. 20세기의 전환기에, 서구 이성의 구조는 그 안에서 창조의 현존(선의 지속과 회복)에 대한 실재의 불완정성에 대한 새로운 이해를 받아들여 새로운 일련의 철학들로 복잡해진다. 그리고 인간은 세계에서 분리된 영혼이나 생각하는 주체가 아니라, 다른 존재들과의 기여자로서 인간 존재의 입장이 된다. 즉 서구 이성의 구조가 기술과 예술을 통해 창조한 것들을 포함하여 우연성에 대응하여 열린 것과 창조된 것을 보존한다. 이 책의 결론에서 논의될 터이지만, 실재의 그런 측면들은 역사를 통틀어 개념적 체계만큼 이성의 필수적인 일부로서 알레고리와 상징들로 인정받았다. 현대의 사상에서 새로운 지적 태도들은 맥락주의의 일반적인 표어로 모을 수 있으며, 개념적 관계들에 의해 인간 행위의 전체 결정에 맞서는 반응을 나타냈다. 그러한 관점들은 가끔 니체나 윌리엄 제임스의 철학에서처럼 반(反)지성주의나 단순한 패러다임과 혼동되었다.

미학에서 맥락주의적 관점들이 일으킨 문제는 관계적 개념들의 맥락주의적 "체계"가 실재의 표현에 대한 사고나 수단이라는 통합된 일련의 범주들 이상이라는 점이 분명하다. 그런 관점들은, 주체와 환경 사이의 상호작용을 반영적으로 추적하는 상관적 형태들을 넘어, 행위 그 자체의 일관된 기여에 대한 인식과 행동과 결합된 "중요함"과 "기호들"의 특별 취급까지도 수반한다. 인지상의 관심과 나란히 그리고 그 너머에서, 그러한 "중요성"과 "기호들"은 일부와 전체의 맥락들의 토대에 기여하며 그에 따라 그 안에 고정된다(페퍼의 맥락주의에서, 실재에서 별개의 구조를 삽입하는 사건들은 특성과 구조를 지니며, 그러한 구조는 하이데거에게서는 단선적이거나, 수렴적이거나, 폐쇄되거나, 도구적일 수 있는 "관계"나 지시로 이루어진다). 모든 세계-내-존재의 구조의 이러한 복잡성은, 그것들이 인간의 실재 그 자체이든 인간 존재들의 능동적인 환경을 구성하는 대상이든 간에, 맥락주의의 관점이 또 다른 대안적인 패러다임으로 보일 수밖에 없는 이유이다. 예를 들어서 맥락주의가 패러다임적 관계의 혼합물(모든 패러다임들은, 보이는 것과 같이, 다른 그들 내부의 체계에서 관계를 포함하고 있다)로 보일 수 있고, 혹은 하이데거가 그랬듯이, 최종적으로는 **패러다임이 전혀 아니며 관계 개념의 체계로는 직접 변환할 수 없는 삶의 세계적 상황에 대한 이해로 볼 수 있다.**

모더니즘의 이해를 위한 노력은 모더니즘 미학과 그 전제가 되는 철학들이 생활세계로 돌아가기 위한, 그 본원적인 경험들을 부활시키기 위한, 그리고 그것들을 기호, 이미지들, 요컨대 완전히 동결되거나 텍스트화되지 않은 경험에서 창조물들에 통합시키기 위한 시도를 명백히 포함한다는 사실에 뿌리를 두고 있다. 맥락주의적 관점들이 인지적 자세에서 체계적 관계들 덕분에 실재와 감각적 경험을 통재하려는 의도를 초월하기 때문에, 맥락주의는 예술과 건축에서 디자인과 내용물을 직접적으로 발생시키기 위해 이용될 수 없다. 그러한 불가능성에 대한 인식에서, 지성과는 분리된 지각의 가능성은 배제되고 감각에 대한 지적 지배를 부여한 구식의, 진부한 교훈적 관점은 가장 모더니즘적인 쇄신에서 폐기된다. 모더니즘에서 시적 예술은 기술적 예술과 연관되며, 틀림없이 물리적 재료들을 창조적 이미지들의 질료로의 변환을 통해, 이어서는 명백히 다르게 형태상의 고안물들의 시적인 동일화와 이용을 통해, 최종적으로는 세계 및 전통의 성취에 대한 창조와 재창조와 관련된 주제상의 의미들의 동일화를 통해 전개된다.

스컬리는 프랭크 로이드 라이트에 의해 생활세계와 전통의 급진적 부활을 통해(그가 제공하는 만큼 급진적인 다른 극소수의 창조의 현대적 사례들이다) 정확히 일어나는 패러다임의 변화, 아니 그보다는 모든 패러다임으로부터의 탈출을 인식하는 데 실패한다. 그에 따라 라이트에게서 가소적 형태의 초기 발달 및 1914년 이후 라이트가 그려낸 보다 독창적인 건축적 몽타주와 콜라주에 대한 분석은 위대한 건축가에 대한 스컬리의 표현을 패러다임적 공간, 건설 형태의 은유적 고착, 역사적, 문화적 영향에 대한 관계의 다양한 형태들에 대한 이질적으로 혼합된 설명으로 바꿔버린다. 이러한 논의에서 라이트가 차례로 고전주의 및 픽처레스크의 절충주의적 조정자로 그리고 서구적, 비서구적 원천들로부터 건축적 어휘들의 포스트모더니즘적 차용자로 나타난다는 점은 놀랍지 않다. 그러한 오독, 즉 라이트에 대한 수동적인 읽기에 대해서는 몇몇 사례들만으로도 족할 것이다.

앞서 지적했듯이, 스컬리가 은연중에 특징짓는 초기 라

이트는 19세기의 유기주의자이며, 공간에 대한 그의 강조는 연속된 운동을 명확히 나타내는 전형적인 유기주의적 수단으로 보였다. 하지만 그의 가소적 형태는 큐비즘을 알린다.[14]

> 라이트의 공간들 그 자체는 인간의 행위를 기리거나 고무시키려는 의도가 아니라 인간이 위치한 환경의 전체적 통합을 통해 개인을 매혹시키기 위한 것이다. 그렇기에, 1908-1909년 로비하우스에서는, 식민지 전통의 거대한 굴뚝이 지금은 건물을 제압하며 생활 공간들의 대단히 낮게 강제적으로 확장된 수평 위치들이 전통적인 박스에서 빠져나와 날아가려 한다. 딱딱한 구태—여전히 건물의 중량에서 느낄 수 있다—는 구성물들로 분해되며, 그러한 것들은 공간을 통하는 연속적 운동의 변화하는 양식들로 재배열된다. 이러한 분해 방식에서 우리가 바로 그 근대의 시작으로부터 발견하였던 의미상의 본질적인 요소들 중 한 가지는, 마찬가지로 유럽의 현대 입체파 미술에서처럼 정확한 정의를 부여하며 라이트의 첫 원숙기 건축에서 연속과 결합시킨다.

14 *Modern Architecture*, pp. 21-22.

가소적 형태에 대한 라이트의 정교화, 리듬의 변주에서 입체와 허공의 통합이자, 그 모든 것에서 유기체적 형태들에 부가된 초인적 상징주의와는 그토록 달라지는 추상화의 실험은, 크레타나 프레 콜롬비아의 사례에서처럼, 선재한 모델들에 대한 유사성이나, 아니면 일본의 사례들처럼 이국적인 모델들에 대한 유사성이라는 측면에서 스컬리가 부정확하게 이해한 것일 뿐이다. 심지어 라이트에게서 건설 자재들의 건물 이미지의 소재들로의 변화도 스컬리에게는 특성의 전유 및 변형으로 보일 뿐이다.

> 그는 인간 신체나 인간의 행동에 대한 이미지를 바라보지 않았다. 대신 그는 자연의 영속에 대한 이미지를 추구했고 그것을 마야 건축의 기념비적 중요성과, 피라미드 모양 사원 저부 및 그 실제 사원 대부분의 망사르드 측면에서의 빽빽한 산의 모양들에서 찾아냈다. 1920년 번스돌 저택은 라이트가 그런 형태를 이용한 가장 훌륭한 사례이며, 여기서 부분적으로는 콘크리트를 퍼부어서 모방하고, 부분적으로는 가구식 구조로 치장한다.

스컬리는 라이트의 건축에서 때때로 추상적으로는 인간 행위의 시공간적 조화에서 추적되며 이따금 인간 행위가 제한하는 구체적 상황에서 인식되는 그 통합의 가치를 끝까지 낮춘다. 맥락주의는 모든 인지 기능에 대한 행위의 선행에 근거를 두기 때문에, 근본적으로 그 미국인 건축가의 맥락주의적 관점들은 전(前)모더니즘적으로, 1914년 이후에는 고유한 문화적 배경에서든 미국에 이식된 것이든 유럽의 모더니즘에서 이식된 것으로 나타났다. 라이트에게서 순수하게 리드미컬한 형태는, 모방이 아니라 예시나 유사성을 나타내는 몬드리안(Mondrian)의 나무와 같은 형태에서 자유로우며, 스컬리는 단순한 은유적 유사성에 고착시키고 만다. 예를 들어, 1929년 세인트 마크 타워 프로젝트는 "대지에서 자라 나온 완전한 종류의 나무"로 보인다.[15] 그리고 같은 은유적 고착화는 마찬가지로 라이트의 대다수 근본적인 창안물들에 대한 스컬리의 해석에 영향을 미친다. 더 나아가 "국제적 과정의 세 번째 국면"이라는 사례로 특징지은 "낙수장"과 같은 걸작을, 스컬리가 이용한 은유와 비교들의 두꺼운 합판 뒤에서 누가 알아챌 수 있는가? 그에 대해 라이트가 말하는 바는 다음과 같다.

> … 앞서 지나간 모든 것이 거의 결합되어 있다. 그의 초기 작품과 마야의 피라미드 모양으로 집중된 연속적 공간, 신조형주의로 보강된 콘크리트의 구조적 연

---

15 Ibid., p. 29.

> 속, 낭만 자연주의에 대한 비대칭과 자연 숭배에서
> 금속과 유리의 얇은, 기계화된 막과 낭만 고전주의적
> 형태의 기하학적 명확성.

건축역사가로서, 스컬리는 건축적 형태가 물리적 물질과 순수하게 실용주의적인 건축 기술을 초월한다는 점을 명확히 찾아낸다. 하지만 형태에 대한 그의 미학적 설명 방식은 예술적 창조물을 명확하게 하는 것보다는 가공물의 제조를 안일하게 설명하는 데 더 적합하다. 그러한 설명들은 하나의 단일한, 그러나 꼭 보편적이거나 지적이지만은 않은 환경에서 자라난 것처럼 보이는 형식주의적/기계주의적 범주들의 도움을 받아 고전주의 작품을 설명하는 데 익숙해진 예술, 건축역사가들의 전형이다. 그러므로 서구 미학에서, 고전 지중해 예술이 모든 예술의 양식으로 간주될 때, 아시아나 아프리카의 작품들은 그 구조와 의미라는 측면에서 무시당한다. 다른 한편, 창조적 맥락주의가 20세기 전반기 우세해졌을 때, 아시아와 아프리카의 예술도 알맞게 간주되었다.

그러한 비평적 태도들이 우세할 때, 문제의 미학자는 유기적 형태의 기이함을 설명할 때 편치 못하며, 당연히 맥락주의적 접근 방식에서 나타난 상징과 작품에서 내용으로부터 형태와 그 불가분성에 대한 특별한 의미를 인식하고 설명하는 데도 위안을 느끼는 점이 더 적을 것이다. 실제로, 그러한 어려움

들은 추상적이든 표현주의적이든 모더니즘 작품의 외견상 기이한 구조와 의미 그리고 그것들이 일으키는 다양한 반응들 뒤에 있다는 점은 당연하다. 건축의 현대 이론과 비평에서 더 중요한데, 그러한 어려움들은 모더니즘을 "기능주의적"인 국제주의의 산물로 부적절하게 이해하게 만드는 책임이 있다. 마찬가지로 여기서 언급해야 하는 중요한 것은, 이러한 측면에서 포스트모더니즘 작품들이 전통적으로 순수한 접근방식에서 만들고, 이해하고, 설명하기 쉽다는 점인데, 앞에서 논의했고 다시 논의하겠지만, 그러한 접근방식들이 은연중이든 노골적이든 간에, 내용에서 형태의 동일한 분리, 예술적 기호의 재현적, 상징적, 표현적 기능의 동일한 혼동, 고대, 르네상스, 바로크 미술과 건축 비평을 통할하는 예술과 가공품에 대한 동일한 혼동을 전제로 삼기 때문이다. 전통적이든 포스트모더니즘이든 간에 건축의 이론, 비평에 대한 그런 모든 접근 방식에서, 자재와 기술은 작품의 물리적, 기능적 측면을 설명하는 반면, 형태 그 자체에 대해서는 모든 종류의 역사적, 심리적, 또는 문화적 "설명들"을 추구하기가 힘들다.

5.3 노베르크 슐츠의 "맥락주의"

모더니즘 건축에 대한 노베르크 슐츠의 이론적, 비판적 설명에서는, 물질을 초월한 형태와 형태의 분명한 인식적 기원을 설명하고자 한다. 모더니즘 건축에 대한 고려 대상들은 이 저자의 많은 저술 도처에서 찾을 수 있으며, 그 저작들은 각각의 주요한 맥락들에 적합하게 변한다. 그러나 사실 그의 근본적인 교의와 방법론은 그런 모든 맥락들에서 동일하다.[16] 이 논의의 목적에서는, 예술과 시에 대한 하이데거의 글을 읽는 경우처럼 모더니즘 건축에 대한 이 저자의 중요한 사상만을 간결히 지니는 「칸, 하이데거, 건축의 언어」[17]에 대한 간략한 읽기만을 수행하는 것으로 족할 것이다. 노베르크 슐츠의 진화하는 방법론에서 중심은, 정확히 건축에서 자재, 형태, 구조, 미라는 작품의 네 가지 측면이나 구성물에서, 내용과 형태 사이의 관계를 재편

---

16 의미의 이론적 골자["풍경과 거주지", "건물"과 "표현(articulation)"]에서 모더니즘 건축가와 작품에 대한 논의 일부는 *Meaning in Western Architecture*, New York, Rizzoli, 1974에 포함되어 있다. *Genius Loci: Towards a Phenomenology of Architecture*, New York, Rizzoli, 1979에서, 그 맥락은 "장소", "인위적 장소", "오늘날"이다. *The Concept of Dewlling: On the Way to Figurative Architecture*, New York, Rizzoli, 1984에서, 그 맥락은 하이데거의 4중성, 지상, 하늘, 인간, 불멸에서 건축에 적용된다. 그리고 그 결과적 명료화는 공간적 질서나 "위상 기하학"의 발생에서, 건축적 형태나 "형태학"의 명료화(articulation), 그리고 인간의 상호작용이나 "유형학"의 방식에서 공간과 형태의 순응이다. 최종적으로 *Architecture, Meaning and Place, Selected Essays*, New York, Rizzoli, 1986에서는 그 맥락이 전통, 즉 디자인을 통제하는 패러다임이 되는 것으로 나타나는 것과 변화, 즉 디자인이나 "생활을 위한 디자인"을 발생시키는 맥락으로 나타나는 것 사이의 차이점이다.

17 *Oppositions*, no. 18 (Fall, 1979), pp. 28-47.

성하는 것이다. 사실상 이러한 재편성은 작품의 그러한 그런 측면이나 양상, 은연중에는 분리시킬 수 없는 형태와 내용도 검토하는 것이다. 그러한 것들은 노베르크 슐츠가 표면상 존중해야 할 하이데거의 의도일 것이다. 하지만 끝에 이르러, 노베르크 슐츠는 그리 하지 않는데 그의 분석에서 하이데거로부터 벗어나는 두 가지 중요한 지점이 있기 때문이다.

첫째로, 노베르크 슐츠는 작품에 반영된 대지와 하늘, 멸자와 불멸자를 문자 그대로 자연의 요소, 그리고 이 용어들로 이름지어진 사실들이 연관되어 있다고 생각한다. 사실 그는 『예술 작품의 기원(The Origin of the Work of Art)』에서 하이데거가 표현한 현재 유명한 그리스 사원의 사례를 이용하면서 그렇게 할 수 있는 권한을 위임받았다고 느낀다.[18]

> 그곳에 서 있는 그 건물은 바위로 된 토대에 기초한다. 그 작품의 이러한 기초는 바위로부터 그 바위의 투박하나 자연스러운 지탱물의 신비를 만들어내는 기초다. … 바위의 광택과 미광, 그 자체는 분명히 태양의 은총을 받아서만 빛나지만, 처음에는 낮의 빛, 하늘의 숨결, 밤의 어둠을 드러낸다. … 거기 서 있는 그 사원은 처음에는 물체들에게 모습을 보여주고 사

18 *Poetry, Language, Thought*, p. 42.

> 람들에게는 그 자신에 대한 관점을 부여한다. 이러한 관점은 작품이 작품인 한, 신이 그로부터 도망치지 않는 한, 열린 채로 남아 있다. … 그것은 신이 어떻게 바라보는가를 더 쉽게 깨닫게 하려는 목적을 지닌 초상이 아니다. 오히려, 신 그 자체가 표현되게 하고 그에 따라 신 그 자체로 **존재하는** 작품이다.

노베르크 슐츠가 부적절하게 접근하는 인용구의 특히 마지막 부분에서는, 이러한 시적 사례가 자연의 관점에서 별개의 기원들을 모을 수 있는 작품의 요소들에 대해 말하고 있지 않다는 점이 분명해질 것이다. 대신, "요소들"은 **그 자체의 안에서 그 자체에 의하지 않고** 작품에서 보이는 요소들이다. 이러한 하이데거적 주장은 단지 세계 전체와 작품 전체의 통일성에 대한 유기주의적 분석이 아니다. 여기서 구체적으로 논의하는 것은 작품을 초월하는 자기 은폐된 우연성(대지)이 주로 작품에서 그리고 작품의 디자인의 리듬과 긴장에 의해 질서와 패턴(하늘)과는 반대될 수 있는 한 말하는 것이다.

변화하는 긴장 속에서, 그러한 작품의 측면들은 느낄 수 있거나 개념화될 수 있을 뿐만 아니라 우연성에 맞서 존재에서 내비치는 무늬를 구성하는 성취의 수준에서 실재의 근본적인 변형을 이룬다. 작품의 그러한 두 가지 존재론적 요소들, 대지와 하늘 어느 것도, 알려진 세계인 세계(2)의 물리적, 상관적 요소들에서, 그것들의 특성이나 능력 어느 것이라는 측면에서 동일시 될 수 없으며, 오히려 그것들의 감각적이거나 상관적인(개념적인) 외견을 지속가능하거나 회복될 수 있으며 그러므로 지속되지도 않고 지속될 것을 요구하지도 않는 대부분의 (재)창조적 특성들을 나타낼 수 있어서 중요해지는 것으로 이해되어야만 한다. 그에 따라 대지는 우연적이지도 오래가지도 않으며, 하늘은 질서정연하지도 되풀이되지도 않는다. 실제로, 그러한 일체화는 분리의 가능성을 암시한다. 오히려, 행동하는 존재들의 세계에서, 서로 다른 방식으로 지속이나 부활을 요구하는 모든 것에는, 대지의 요소가 리드미컬하며 자기 형성적인 긴장에 의한 여러 가지로 분석가능한 방식에서 끊임없이 초월된다.

유사하게, 하이데거가 인간 조건의 교훈적 목적을 위해 설명한 덕분에 인간은 "잠시 동안", 살아가며, 여행하며 살아간다고 볼 수 없을 것이다. 불멸을 신심이나 영혼의 조건으로 볼 수도 없을 것이다. 인간은 작품에서 불멸과 불가분하게 결합된다. 우연적이며 일화와 같은 주제들은 작품에서 요약된 행위가 보존한 선함과 함께 성취된 가치들과 불가분하게 결합된다. 지속되는 모든 것은 그 리듬의 긴장이라는 측면에서뿐만 아니라 존재해왔으며 앞으로도 존재할 가치가 있는 것의 멸자적/불멸자적 지속 및 회복이라는 측면에서 보아야만 한다. 존재해 왔으며 앞으로도 존재할 가치가 있는 것은 실제로는 단지 우연성의 흐름으로 돌아가지 않는다. 그것은 마찬가지로 변함없이 사라져가며, 즉 테스트, 형태, 존재에서 성취의 수준(멸자)이 되며 그리고 또한 변함없이 선의 보존이라는 원리의 측면에서 복원가능한(불멸자) 것이 된다.

대지, 하늘, 멸자, 불멸자는 그러므로 세계(3)의 필수적인 요소들이며 당연히 그 움직이는 존재를 구성한다. 하이데거는 작품(연장)이 세계(3)의 일부가 될 수 있는 한이 아니라, 일부 작품(예술)이 세계(3)의 진리를 재창조할 수 있는 한, 그것들이 작품 속에 들어간다고 본다.[19]

> 반 고흐의 회화로부터 우리는 그 신발들이 위치하는지조차도 말할 수 없다. 농부의 이 신발 한 쌍에 알맞거나 속해야 할 공간은 없으며, 오로지 막연한 공간뿐이다. 적어도 그 용도를 암시할, 흙에 붙어 있는 들판이나 들판길에서 토양의 흙조차도 심지어 존재하지 않는다. 농부의 신발 한 켤레와 아무것도 존재하지 않는다. 그럼에도 불구하고 고된 이들이 디디는 신발의 닳아빠진 내부의 어둡게 열린 공간에서 일꾼은 앞을 본다. 신발의 뻣뻣하게 헤어진 무게에서 으스스한 바람이 휩쓰는 들판이 넓게 퍼지고 여태 획일적인 밭을 거쳐 신발의 느리고 무거운 걸음의 누적된

19 Ibid., pp. 33-34.

> 불굴이 존재한다. 가죽에는 토양의 눅눅함과 비옥함이 있다. 신발 바닥 밑에는 날이 저무는 들판길의 외로움이 미끄러져 간다. 이 도구는 대지의 조용한 부름, 익은 곡물의 그 조용한 선물과 겨울 들판의 휴한 중인 황무지의 설명될 수 없는 자기-거부(self-refusal)가 진동한다. 이 도구는 빵이라는 확실성, 다시 한번 반항적인 욕구를 지닌 무언의 기쁨, 절박한 해산에 앞선 전율, 울려퍼지는 죽음의 위협의 떨림으로써 항의하지 않는 근심에 의해 퍼져나간다. 이 도구는 **대지**에 속하며, 여성 농부의 **세계**에서 보호받는다.
> 하지만 확신컨대 그것은 그림에서 오로지 우리가 신발에 대해서 알 수 있는 모든 것이다. 다른 한편, 여성 농부는 단순히 그 신발을 신는다.

두 번째로, 세계에 들어가는 존재로써 예술 작품은 재현, 상징, 표현이 아니라 세계(3)의 구성물에 기여하는 창조적 이미지다. 작품의 디자인에서 긴장들은 단순히 말로 표현되거나 또는 언어로 번역될 수 있는 것이 아니다. 하이데거에게 그것들은 독창적인 언어, 즉 존재가 존재들에서 그러한 긴장에(그가 전투라 부르는) 그리고 그런 긴장을 통해 존재하는 **표현의 사실**이다.

또는, 그가 말하듯이[20]

> 언어적 작품은 그 사람들의 말에서 시작되며, 이 전투에서 언급되지 않는다. 그것은 그 사람들이 말하는 바를 변형시켜 현재의 모든 살아 있는 말이 전투에서 싸우고 무엇이 성스럽고 성스럽지 못한지, 무엇이 크고 작은지, 무엇이 용감하고 겁이 많은지, 무엇이 고고하고 변덕스러운지, 무엇이 주인이고 노예인지에 대한 결정을 제시한다(cf. Heraclitus, fragment 53).

그러한 생각에서, 작품은 요소 그 자체가 아니라 작품의 긴장들에 대해 말한다는 점을 헤아릴 수 있다. 노베르크 슐츠는 "언어의 존재와 존재의 언어"에 동시에 존재하는 "네 가지의 운동"에 대해 충분한 관심을 기울이지 않는다. 세계의 네 가지와 마주하는 이 맥락에서 존재는 고유한 언어로 말하지, 인간의 언어나 담론으로는 말하지 않는다. 이 존재의 언어는 인간 존재가 담론으로서 그리고 행동으로서 모으는 것이다. 하지만 존재를 규명하는 대신, 존재의 운동에서 적극적인 창조를 통해 관여하지 않는 담론이나 행위는 존재를 억누르고 그 자체도 억누른

20 Ibid., p. 43.

다.[21]

> 언어의 본질적인 특징이 말, 언어에서 그 자체의 표현, 즉 우리가 진술할 수 있는 언어에 대해 단호하게 거부하는 몇몇 근거들이 존재한다. 만일 언어가 어디서나 이러한 의미에서의 특징을 억누른다면, 그다음 그러한 억누름은 언어의 바로 그 특징으로 존재한다. 그에 따라 언어는 우리가 익숙한 방식에서 말할 때 방해할 뿐만 아니라, 이러한 언어의 방해는 언어가 고유한 기원을 억누르고 그에 따라 우리의 일반적인 관념에서 존재를 거부한다는 사실에 따라 결정된다. 하지만 그때 우리는 두 번째 경구에서 "언어"라는 단어가 다른 무언가, 사실상 언어의 존재를 억누르는 것이 말하는 무언가를 말하지 않는 한, 언어의 존재가 존재의 언어라고 더 이상 말할 수 없을 것이다.

중요한 것은, 그리고 그 전체 과정을 통한 이러한 연구의 노력이 되었던 것에서, 존재에 대한 이러한 언어가 너무나도 빨라서 "언어의 존재에 대한 억누름"에서 정확히 말하는 우리의

21 Martin Heidegger, *On the Way to Language*, tr. Peter D. Hertz, New York, Harper and Row, 1971, p. 81.

“일상적인 개념”으로 번역할 수 없다는 것이 아니다. 하이데거가 그러한 텍스트들에서 경계를 지은 독창적이며, 자기 명시적인 언어가 해석, 익숙한 “근접성”, 존재의 움직이는 네 가지 측면이나 영역에 대한 “대면”이며 열린 대상, 인간 존재, 관계와 시공간에서 변화하는 만큼 그 자체로 회복되는 모임으로 유지된다고 이해하는 것이 중요하다.[22]

> 언어, 세계의 사방(fourfold)에 대해 말하는 것은, 인간과 언어 사이에 존재한 연결점이라는 의미에서 우리가 인간 존재에 대해 말하는 것과 관련된 그러한 것이 더 이상 아니다. 언어는, 움직이는 세계가 말하는 것처럼, 모든 관계들의 관계다. 세계의 영역들의 조우를 관련짓고, 지속하고, 제공하고, 부유하게 만들며, 그 자체로는, 비축된 채, 말하자면 가만히 있다는 점에서, 그것들을 쥐고 유지한다.

자기 수집과 복원에 대한, 창조에 대한 이 지속적인 운동은 존재의 언어로서 비축된 채 가만히 있으며, 관계적 체계들, 즉 패러다임들의 구조에 앞서며 자율적이다. 세계(3)은 그러므로 세계(2), 인식 관계들의 선별된 체계에 앞서며 자율적인 움직

22 Ibid., p. 107.

임에서 존재한다. 그리고 세계(3)의 움직임도 마찬가지로, 다른 시공간 개념, 즉 하이데거가 한도상의 관계들이라 부른 것에서 나오는 패러다임에서 패러다임으로의 변화에 앞서며 자율적이다. 그러한 한도상의 관계들은 각각의 패러다임에서도 달라지며, 예를 들어 형식주의에서 외면과 본질의 질, 나뉘거나 무한한 것과 불가분하거나 유한한 것의 질은 무엇이 존재한다는 전체성에서 엇갈린다. 다른 한편, 기계주의에서 존재하는 전체성은 무한소인 동시에 무한하게 존재하는 성향을 띤다. 이러한 맥락에서, 하이데거는 시간과 공간의 관계를 포함한 개념적 관계들의 체계에 숨겨진 역설들을 지적한다. 공간적, 시간적, 수적, 통계적 관계들이 이용되는 곳에서, 계산되는 개념들이 만연한 곳에서, 존재의 근본적 측면에 대한 총체적인 익숙함과의 조우는 불가능하게 된다. 최소한의 간격은 여전히 거리를 벌린다.[23]

> 우리는 연속으로서 한도들에서 측정된, 한도들의 완전하며 연속적인 연쇄를 이해한다. 그것은 너무나도 단호하여 심지어 우리가 방해를 만나는 곳에서도, 그 파편들이 각각은 대면하지 못하기에 그 요소들의 직접적인 대면을 배제한다. … 이것은 세계의 4중성과 마주하는 사막을 만들며, 그것은 접근의 거부다. 이

23 Ibid., p. 105.

> 러한 대지를 지배하기 위한 전투에서, 지금 공간과 시간은 한도로써 최상의 지배권에 이른다. 하지만, 그 능력은 오로지 공간과 시간이 이미, 여전히 오랫동안 친숙한 한도들과는 다른 것으로 존재하기 때문에 해방된다. 그 한도적 특성은 시간과 공간의 특성을 가려버린다. 무엇보다도 그것은 접근의 특성에서 그 특성의 관계를 은폐한다. 단순히 그러한 관계들이 존재하므로, 그것들은 계산적 사고에서는 전적으로 다가갈 수 없는 채로 남아 있다. 우리에게는 그것들이 미루어진 것임에도 불구하고, 우리의 현재 인식은 그러한 통찰에 저항한다.

하이데거가 대상에 대한 4중성을 진리의 형태라 강조하는 것과 달리, 노베르크 슐츠는 이를 일련의 정적인 관계로 이해한다. 만일 규정되고 관련되는 세계가 위상적, 형태학적, 유형학적 관계들의 패러다임적 세계로 존재한다면, 하이데거의 시적 언어, 존재의 언어에 대한 개념을 그러한 언어는 인공물에 이름붙이는 본질적 방식이라는 통념에서 이용할 수 없다. 이러한 통념과 다음의 진술을 개념적으로 뛰어넘는 수준에 이르기도 불가능하다. "보편적으로 [세계에 대한] 이해는 건축의 존재, 즉 본질적인 건축적 구조들에 대한 언어 때문에 가능하다."[24] 명백히, 노베르크 슐츠는 하이데거의 「대상(The Thing)」이라는 짧은 논문을 『예술 작품의 기원』이나 『언어로의 도상(On the Way to Language)』의 주요 논문들과 명확히 연결짓지 못한다. 해당 논문들에서 하이데거가 언급하는 대상들은 인간의 솜씨와 예술의 산물이다. 그러한 대상들, 그러한 존재의 성취들은 언어로서 시에 속하나, 그 성질은 그것들의 "본질적인 구조"에 의거하지 않으며, 오히려 그 구조들은 세계의 4가지 영역들의 운동에 의거한다. 따라서 하이데거가 『예술 작품의 기원』에서, "형태는 그 자체를 구성하고 제시하는 [대지와 세계의] 형상의 균열을 지니는 구조다."라고[25] 말할 때 그는 구체적이며 형상화된 작품에 대해서만 단순히 생각하지 않는다. 대신 그는 언어나 감정과 같은 실존적 구조들의 폭로 이상의 것으로서 작품에서 대지와 세계의 익숙한 결합을 지적한다.

노베르크 슐츠는 여기서 형식주의, 기계주의, 유기주의의 패러다임들의 개념적인 전형적 관계들을 잊어버릴 뿐만 아니라, 하이데거가 이해한 만큼은 아니지만, 구체적으로 실용적인 범주들에 대한 패러다임으로 그가 명확히 이해한 맥락주의의 전형적인 개념적 관계들을 받아들이려는 것으로 나타난다. 노베르크 슐츠는 실존적 분석에 대해 "적용된" 측면들에 너

24 "Kahn, Heidegger and the Language of Architecture," p. 37.

25 Heidegger, Martin, *Poetry, Language, Thought*, translated by Albert Hofstadter, New York, Harper and Row, 1971, p. 64.

무 관심을 기울여서, 앞서 언급된 후기 하이데거의 논문들의 비의인화적 양상들에서, 그에게는 『존재와 시간』에서 존재에 대한 분석의 의인화된 측면들로 역행한다. 후기 하이데거의 논문들에서 예술 작품 및 창조자로서 인간 존재에 대한 비의인화된 해석에 기여하는 것은 실존적 구조나 범주들이 정확히 창조성의 양식들로서 그 논문들에서 직접적으로 나타나는 점인 반면, 『존재와 시간』에서 그런 구조 및 범주들은 인간의 판단(패러다임)에 내재된 개념적 관계들, 아니면 포스트모더니즘의 관점에서는 실용적-언어적 관계들, 즉 인간 문화의 의지물로서 관습적으로 구축된 관계들과 혼동되었을 것이다.

그에 따라, 하이데거에게 "일반적으로 건축의 언어가 '공간성(Raumlichkeit)'이라 불리는 실존적 구조를 나타낸다."는 점은 사실이 아닐 것이다. 하이데거가 "세부적인 이 구조를 분석"하지 못한다는 경우도 아닐 것이다.[26] 그 경우 실제로는 하이데거의 공간성 분석이 엄밀히는 후기 논문들에서 시적으로 나왔다는데 실존적 '공간성'은 반영되거나 응용되는 것이 무엇이든 간에, 일련의 개념적 관계들을 포함하는 개념이나 범주가

26 Ibid., p. 37. 『존재와 시간』에서의 역행은 "『존재와 시간』에서 하이데거는 "담론"(Rede)을 기초적인 실존적 구조들 중 한 가지로 분석했다. … 그러므로 언어는 주로 소통에 기여하지 않고 기초적인 실존적 구조를 노출시킨다."는 어구에서 분명하다. 다른 한편, 건축의 언어와 "공간성이라 부르는 실존적 구조"의 표현을 동일시하는 것도 같은 장에서 이루어진다.

아니기 때문이다. 하이데거의 공간성은 오히려 인지 방식이자 창조적으로 만들기, 그리고 결국에는 존재의 창조성에 직접적으로 병합되는 이미지의 뼈대를 만드는 것이다. 하이데거의 '공간성'에 대한 그런 방식이나 측면들은 형태와 맥락의 게슈탈트적 개념들에서 나오거나 환원시킬 수도 없으며, "건축의 구조적 요소들", 즉 "위상학"이라는 중심-주변, 내부-외부, 수평-수직의 관계들 또는 "형태학"이라는 공간적 경계로서 층, 벽, 지붕, 아니면 "유형학"이라는 "제도들"이 결정하는 기능에서 공간의 관계들에서 찾을 수 있는 기초적 관계들과도 동일시할 수 없다.

하이데거의 시적 사고를 건축에 이용하는 가능성은 노베르크 슐츠가 인간의 창조성 및 그 시적 방식의 존재론적 위치를 결정하는 것에서, 심지어 그 맥락이 세계만큼 포괄적이기까지 해도, 관계적 체계들을 확립하는 것으로 확장시켰다. 이러한 확장의 결과물은 건축 디자인들의 발생에서 결정가능하며, 측정가능한 관계들의 응용물이 되었다. 일반적으로, 앞선 논의에서는 그러한 방식들이 세계(3), 창조적 존재의 영역과 세계(2), 일정한 과학적 방식의 우위에 따라 역사적으로 변형된 존재의 지적 실재에 대한 구체적인 일련의 결정물들 사이의 엄격한 하이데거의 구분을 어지럽힌다는 사실이 뒤따른다. 그것은 세계(3)의 진리를 실행하고 판단할 방식이 존재하지 않는다는 것이 아니라, 그러한 "방식들"은, 예술이 존재해왔듯이 얼마나 많이 정교하거나 확장되든 간에, 엄밀하게는 예술에 창조적으로 다가

갈 수 있는 방식에서만 찾을 수 있다는 것이다.

「시의 언어(Language in the Poem)」에서, 하이데거는 우리에게 그러한 시적 방식의 시작점을 제공한다. 그리함으로써 그는 문학적 방식을 한정적으로 검증하는 듯하나, 시의 주요 창조적인 "주제"(위상학이 아니라)를 가리키기 위한 "위치"(site)라는 단어 사용은 명백히 그의 관점에서 모든 예술의 상호교환성을 가리킬 뿐만 아니라 예술에서도 건축의 중요성을 가리킨다.[27]

> 우리의 논의는 게오르크 트라클(Georg Trakl)의 시 작품의 위치에 대해 생각하므로 그에 대해서만 말하는 바이다. 역사적, 전기적, 정신분석적, 사회적 관심이 사실 그대로의 표현에 관심을 기울이는 시대에서, 그러한 방식은 변덕스럽지 않더라도, 반드시 명백하게 한쪽으로 치우친 것으로 보였을 것이다. 논의는 그 위치에 대해 생각할 거리를 준다.
> 본래 "위치"라는 단어가 모든 것이 합쳐지고, 집중되는 장소를 말한다. 그 위치는 그 자체를, 궁극적으로 그리고 극단적으로 모은다. 그 모여든 힘은 모든 것

27 Martin Heidegger, "Language in the Poem," *On the Way to Langauge*, pp. 159-160.

> 에 침투하고 퍼져나간다. 장소, 그 모여든 힘은 모여든 모든 것을 모으고 보존하나, 껍데기처럼 보호하지 않고 그보다는 빛으로 모은 모든 것에 퍼져나가며, 오로지 그에 따라 그 고유한 본성을 해방시킨다.

하이데거에 따르면, 저자나 건축가의 작품의 위치나 근본적인 주제는 그의 창조적 노동과 성취들의 모든 사례에서 명료하게 언외(言外)의 것으로 남아 있다. 그에 따라 디자인이나 창조적 양식을 이해하는 방식은 반드시 그 위치를 생각하는 데서부터 시작해야만 한다. 각각의 경우, 그러한 사고는 실존적, 역사적, 제도적 관심사에 대한 창조자의 독창적인 반응에 대한 해석을 포함한다. 그러므로 그러한 한 가지 반응이 있어야만 진정한 위치를 찾을 수 있을 것이다.

이러한 접근 방식에 따르면, 단순히 유행상의 추세나 형식적 변형을 지목하여 빈약한 창조자나 모방자들을 뛰어난 창조자라고 가리키기는 불가능하다. 트라클의 경우, 하이데거가 지적하는 것은 문화적 위기 시대에서의 "멀어짐"이나 정신적 관심사의 추방이다. 그러한 위치의 해석 및 한계는 하이데거가 "논의"라 부른 것이며, 그것은 무거운 부담을 지닌 노력이기도 하다. 이 노력은 하이데거가 『예술 작품의 기원』에서 세부적으로 논의한 작품의 "듣기"나 "보존"의 임무와도 같다.[28] 하지만 하이데거는 오로지 장소의 심오하면서도 정확한 이해에 의거하기 때문에 누구나 작품의 형식적 측면에 대한 결정에 이를 수 있으며, 어떤 작품도 그 의미를 세우기 위해 작품의 형태에 순전히 의존할 수는 없다.[29]

> 그 진술의 위치로부터 각각의 사례에서 그[창조자]가 시적 말하기라 말하는 것으로 움직이는 물결이 생겨난다. 하지만 그 물결은 그 위치에서 멀어져도, 발생에서 모든 말하기의 움직임은 언제나 숨겨진 그 원천으로 되돌아가게 한다. 시적 진술의 위치, 물결치게 만드는 움직임의 원천은, 그 안에서 형이상학적 관점에서 제일 먼저 리듬이 되어 나타나는 것의 숨겨진 본질을 붙든다.

---

28 "작품의 보존자들은 창조자의 것에서 본질주의적 등가물과 더불어 그 창작된 것에 속한다. 하지만 작품은 창조자들이 그들의 천성을 가능하게 만들고, 작품의 고유한 본질에 따라 보존자들을 필요로 한다." Op. Cit., p. 71. "여기서 우리는 세 가지 의미에서 토대 세우기(founding)를 이해한다. 수여하기로서 토대 세우기, 근거 짓기로서 토대 세우기, 시작으로서 토대 세우기이다. 하지만 토대 세우기는 사실상 보존하는 점에서 존재한다. 그에 따라 각각의 토대를 세우는 방식에서는 그에 상응하는 보존 방식도 존재한다." Op. Cit., p. 75.

29 "Language in the Poem," *On the Way to Language*, p. 160.

창조자나 창조자 집단의 위치에 대한 논의 및 해석 방식에서, 하이데거는 "명료화"의 방식을 덧붙인다. 만일 논의가 직접적으로 위치를 향해 움직이고, 위치를 상세히 설명하고 범위를 정하고자 시도한다면, 명료화는 위치로부터 위치가 표현되는 특정한 구절들 및 위치가 나타나는 측면에서의 형태적, 표현적 기호들로 이동한다. 숨겨진 장소에서 그 표현된 구체화로 그리고 후자의 뒤편에서 전자로 이동함에 따라, 시적 사고는 그 자체로 **해석학적 방식**을 보여주는데, 내용에 의한 형태나 형태에 의한 내용의, 또는 전체에 의한 일부나 일부에 의한 전체의 명료화라는 해석학적 순환에 의거한 것이다. 당연히, 부분과 전체, 형태와 내용이라는 관념들은 위치라는 관념에서 구체화와 리듬에 흡수되며, 그에 따라 해당 관념들은 개별성을 잃는다. 앞서 언급했듯이, 그런 관념들은 예비적으로나 부차적으로 예술 작품에 적용할 수 있는 "역사적, 정신분석적, 사회학적" 방식들과 같은 방법론들과 인식론적으로 연결되어 있다(건축의 경우, 누구나 쉽게 지리학적, 경제적, 문화적, 기능적, 요컨대 환경적 "맥락들"에서 유용한 다른 방식들을 추가할 수 있다). 하지만 진정한 미학적 방식에서, 그 작품이 "세계의 진리"에 이르는 길로 이끈다면, 그런 맥락들은 실존적, 제도적, 역사적 중요성에 대한 우위를 대신하거나 지니지도 못할 것이다.

다른 이들, 그중에서도 노베르크 슐츠가 제시한 "맥락적인" 방법론과 마주하는 그런 방법론들의 중요성과 필수적인 특

징은 과소평가될 수 없다. 이러한 의미에 대한 하이데거의 정중한 경고는 무시되어서는 안 된다.[30]

> 시인의 유일한 진술은 항상 언외의 영역에 남아 있기 때문에, 우리는 개별의 시들이 말하는 바에 따라 위치를 가리키는 시도에서만 그 위치를 논의할 수 있다. 하지만 그리함으로써 각각의 시 그 자체는 명료화될 필요성을 지니게 된다. 명료화는 모든 것에 희미하게 빛나는 순수성이 시적으로 말하는 첫 모습을 가져다주는 것이다.
> 어떤 정확한 명료화 그 자체가 이미 논의를 전제로 삼는다는 점은 알기 쉽다. 개별의 시들은 시적인 위치로부터 그 빛과 소리를 얻는다. 거꾸로, 시적 진술에 대한 논의는 반드시 개별 시들의 선구적인 명료화를 먼저 거쳐야만 한다.
> 시인의 시적 진술과의 모든 사고적 대화는 논의와 명료화 사이의 이러한 상호관계에서 지속된다.

그러한 경고에 대해, 혹자는 노베르크 슐츠가 하이데거의 건축에 대한 접근 방식에 필적한다고 칸이 말한 진술에 의문

---

30 Ibid., p. 160.

을 품을 수 있을 것이다. 그와 같이 말하는 진술들은 보다 하이데거적인 의미를 지닐 수 있는데, 그러한 진술들이 노베르크 슐츠의 개념적 범주들을 통한 순응과 적용이라는 측면에서가 아니라 칸의 주제적 위치에 대한 논의 및 명료화에서 이해되는 것이라면 말이다. 만일 그런 진술들이 세계의 [재]창조와 보존 및 전통의 성취에 대한 칸의 공로를 언급하는 데에 엄격히 몰두한다면, 그 진술들은 하이데거적 의미에서 이해될 수 있다. "형태"의 개념에서 "앞선 형태"로, 아니면 "질서가 존재한다", "존재할 것은 항상 존재해왔다", "건축은 측정할 수 없는 것의 구현", "거리는 아마도 인간의 첫 번째 관습이자, 지붕 없는 회관", "도시는 관습들이 모이는 장소"와 같은 직관 일부에서 칸의 변화는 주제적 위치를 찾기 위한 논의가 될 것이며, 그에 따라 칸의 작품 일부는 칸이 그의 주제적 위치에 재현적, 상징적, 표현적 일관성과 구체성을 부여하고자 이용한 구체적인 상징적 등가물, 리듬, 건축적 몽타주 및 콜라주와 관련해 명료화될 수 있다.

진정으로 건축의 하이데거적 해석학의 가능성에 대한 이 논의를 통해 진전되었던 결론은 오로지 논의와 명료화 사이에서 움직이는 구간(passage)들이 창조하는 해석의 순환이 진정한 상징으로써 건축적 상징을 구성하는 데 요구되는 건축적 상징의 세 가지 기능의 통합을 확실히 할 것이라는 데 있다. 논의와 명료화의 방식을 통해, 혹자는 중요한 형태로서, 즉 다른 무언가를 의미하는 것이 아니라 오히려 "전유의 사건"으로서 고유한 발생을 구체화시키는(창조성을 위한 하이데거적 공식의 이용하는) 형태와 내용이라는 요소들의 종합으로서 건축적 작품의 일관성과 구체성에 대한 해석학적 증거를 찾을 수 있다.

하지만 이러한 해석학적 순환 개념은 세계(3)이나 주제적인 건축적 전통이 수반되지 않는 맥락들에는 적용될 수 없을 것이다. 정말로, 보다 더 좁은 맥락에서, 일부와 전체나 형태와 내용의 관계를 세우며 하이데거가 친숙한 근접성이라 부른 것은 대단히 쉽게 무너진다. 그리하여 그러한 관계들은 앞서 보았듯이, 재현적이든, 상징적이든, 표현적이든 간에 예술적 기호에서 하나의 기능만을 언급하는 성격을 띠게 된다. 그에 따라, 상징적 창조성의 행위에 의한 "전유의 사건"에서, 그 세 가지 양상의 통합된 통일성에서 전유되는 것은 언제나 세계의 4중성에서 특별한 주제적 성향이 될 것이며, 이러한 성향은 마찬가지로 환영과 같은 섬광으로서 전체 전통에서 다른 주제들과 주제상으로 연결된다. 그러므로 건축의 **형상적** 작품은 특정한 대상에 대한 표현과의 연합, 특정한 개념적 관계들의 상징화나 특정한 주제상의 감정 표현에 의해 고전적이라 간주된 건축적 전통의 측면이나 요소들로 회귀하는 것이 되지 않는다. 그리고 위상학은 패러다임적 공간 관계를 포함하며, 형태학은 패러다임적 건축상의 구조를 포함하고, 유형학은 패러다임적 기능들을 포함하기 때문에, 노베르크 슐츠, 즉 그것들의 가능한 결합의 규칙들의 단순한 유래에 따라 그러한 관계들을 구체화하고 국한한, 즉 좁게 맥락화한 건축가가 제안한 것과 같은 형상적 건축은 그 형상적 중요성에서 크게 바뀔 수밖에 없다.

5.4 코쿤의 "해석학"

앞선 시기처럼, 강조점이 재현적인 것을 건축적 기호의 상징적 측면들과 함께 하는 데 달려 있든, 아니면 최근 저작들에서처럼 상징적인 것을 표현적 일면들과 함께 강조하고자 했든 간에, 노베르크 슐츠의 이론이 오가는 곳은 건축을 과학으로 환원하고 건축을 언어로 환원하는 곳이다. 건축적 기호의 상징적, 표현적 일면들의 이러한 특별한 결합은 코쿤의 모더니즘 비평에 적용되었으며, 그는 건축적 미학의 역사적 연구, 구조주의, 포퍼의 과학철학, 비트겐슈타인의 언어철학, 프랑크푸르트 비평 사회학, 해석학의 일부 측면들이 결합된 혼합의 관점에서, 모더니즘의 해석을 위한 효과적인 의미론상의 규칙을 그리기 위해 기능, 가치, 감정적 함축의 한계가 정해진 맥락들을 훌륭하게 정리해왔다. 그에 따라, 코쿤은 1960년대 이래, 우파의 반동적 비평의 상상과 좌파의 혁명적 비평의 상상을 오염시킨, 기능주의적, 기능주의 고전주의적, 우상적인(iconically) 기계주의적 오류로서 모더니즘 건축에 대한 잘못된 이해에서 거의 벗어났다.

우리는 코쿤에게 19-20세기의 기능주의에 대한 주제적 측면들에서, 이러한 용어의 하이데거적 의미에서 그의 논의들에 가장 크게 빚졌다. 그의 작품, 특히 후기 논문들에서 또 다른 중요한 주제적 논의는 고전주의 건축의 의미를 이야기한다. 모더니즘의 뿌리와 관련해, 후자의 일련의 주제들은 본 연구의 앞 장에서 주제로 삼았던 것이다. 나아가 그 장의 결론들에서의 확신은 코쿤의 설명에서, 확립된 과정과 형태 사이의 익숙한 관계들의 현재로의 전달을 통해서든 아니면 코쿤이 고전주의에서 모더니즘의 건축적 형태로의 진화를 해석하기 위해 능숙하게 사용한 용어, "개념의 이동"을 통해서든, 고전주의와 바로크가 건축의 모더니즘 개혁으로 흘러가는 방식의 정확한 이해에서 나올 수 있다. 이러한 측면에서, 코쿤은 해석학적 방식을 정확하면서도 과장하지 않게 이용하여 건축적 현재의 역사의 개요를 신중하게 그린다(비록, 다소 자주 코쿤이 역사적 과거에 대한 포퍼 및 프랑크푸르트의 비판적 검증 수준에 남아 있더라도 말이다).[31]

> 모더니즘 비평[포스트모더니스트들에 의한]은 건축적 형태 및 근대 사회의 경제적, 기술적 기초 간의 절대적인 인과적 관계가 존재하지 않는다는 단언에 의

31 Allan Colguhoun, *Essays in Architectural Criticism: Modern Architecture and Historical Change*, MIT Press, Cambridge, Mass. and London, England, 1981, pp. 17, 19.

> 거한다. 그러한 절대적 연결성이 존재했다는 믿음은 각각의 역사적 시대에 생활과 예술적 스타일의 객관적 조건들 사이의 완전한 일치가 존재했다는 점을 당연하게 여기는 역사의 이해에서 나왔다. 이러한 관점의 오류는, 우리가 역사적 결정론이 된다고 가정한 것을 입증하기 위해, 의지에 따른 행위를 실현할, "근대적 양식"을 창조할 필요가 있었다는 점을 볼 때 분명해진다. …
>
> 건축이 건축적 전통을 상기시키는 형태에 의지하는 한, 그것은 이러한 전통에 속하는 의미들의 재해석을 반드시 똑같이 이용할 것이다.
>
> 건축적 담론과 비평이 의거하는 것은 오로지 그러한 전통의 해석학이다. 만일 "절대적인" 형식적 가치들의 닫힌 세계에서나 절충주의적인 "역할"의 무한한 세계에서 작동하고자 시도한다면 비평은 모든 가치를 뺏긴다. 만일 비평이 판단을 내리는 기능을 수행한다면, 그것은 틀림없이 건축적 전통, 현재의 우연성을 측정하고 평가하는 것과는 반대되는 토대에 속한 규범들을 원하는 대로 지닐 것이다.

코쿤에게, 기능주의와 격식주의(formalism) 모두의 결과로서 모더니즘 건축에 대한 잘못된 해석은 이 양식에 대한 초기의 정의, 예를 들어 밴험(Banham)의 "기계 시대"에 대한 이해의 애매모호함에서 이미 나타났다. 밴험은 페레즈 고메즈를 포함해 그토록 많은 비평가들이 최근 체념하며 받아들였던 것과, 특히 다른 이들, 벤츄리(Venturi)가 어느 정도의 냉소주의로 취했던 것을 대담하게 받아들였다. 그런 모든 비평가들에게, 건축은 근대 역사의 과정에서 건축 과정의 경제적, 기술적 결정물로 바뀌었으며, 이러한 과정 그 자체에 의해 기능을 조정하였거나 또는 수사적, 자의적이었던 형태들의 선택으로 이어졌다. 밴험에게, 이러한 통념은 1920년대의 건물에 대한 비판을 낳았는데 그 설계자들이 형태에 자극받은 기계와 플라톤의 입체 사이의 잘못된 결합을 만들었기 때문에, 결과적으로 "그들은 기계적 형태들의 자연적 진화에 이르는 가능성을 없애버리고 너무 이른 아카데미즘(academicism)에 이르렀다"는 것이다.[32] 이후의 모든 모더니즘 건축 비평은 그러한 환원적 관점의 한계에서 이루어졌다.

코쿤에게 정확한 진리는 그 반대였다. 모더니즘의 위대한 대가들, 특히 르 코르뷔지에는 직관과 은유로 디자인, 특히 건축적 다지안에서 물리적, 수학적 법칙들의 제한된 응용성을 보완하고자 했다는 것이다.[33] 코쿤이 생각하기에 이러한 관점

32 Ibid., p. 22.

33 *Essays in Architectural Criticism: Modern Architecture and Historical Change*, esp. Ch. 2, sect. 1: Typology and Design

은 당연하며 영원한 일련의 법칙으로서 이성을 보편적으로 수용하는 데서 유기체적, 역사적 변화에서 발견가능한 의식 및 순응의 목적론적이거나 진보적인 정련에 대한 믿음으로의 패러다임적 변화에 따라 상당 부분 자극받은 것이었다. 그는, 이러한 믿음이 고전주의와 더불어 그 전통적이며, 불변하는 규칙, 가치, 형태를 버리게 했다고 결론짓는다. 이러한 방기로부터 생겨난 문제는 새로운 규칙, 가치, 형태의 불확실한 특성(상대주의) 및 초월적이든 실증적이든 어떤 진화적 가설의 기초에서 그 변형의 과정이 지속불가능하게 되었다는 것이다.[34]

이러한 불확실한 조건은 코쿤에게는 모더니즘의 특성인 동시에, 마찬가지로 포스트모더니즘 건축 및 비평에 따른 모더니즘의 대가들을 비평하기 위한 이유다. 만일 그 불확실한 형태들을 발견하고 증진시키기 위해, 모더니즘이 직관과, 넓게는 생물기계학적 은유에 호소했다면, 포스트모더니스트들은 그 대신 디자인의 전형 공급자로서 역사에 호소했다. 모더니즘 건축으로서는 직관과 은유에 대한 호소가 가소적인 형태들을 특별 취급하는 것과, 그와 더불어 건축적 기호의 표현적 특성에 대

Method, Cambridge, Mass., and London, England, MIT Press, 1985, p. 49.

34 Ibid., Ch. 4, sect. 1, Historicism and the Limits of Semiology, p. 133. 다음도 참고. *Modernity and the Classical Tradition: Architectural Essays 1980-1987*, Cambridge, Mass., MIT Press, 1989, esp. Ch. 1, sect. 1, Three Kinds of Historicism, p. 12.

한 형식화와 강조의 증대를 나타냈다. 결국, 파편화되거나 차용한 역사적 형태나 전형에 대한 포스트모더니즘 건축가들의 호소 역시 의사소통적(communicative)이고 수사학적인데 그러한 형태나 전형들을 정당화한 과거의 가치관으로의 실제적인 회귀의 불가능성과, 이보다 더해서는 과거에 대한 진정한 이해의 어려움이 증대되었기 때문이다. 그러한 이유들에 대해, 코쿤은 모더니즘 건축의 조건이 본질적으로는 포스트모더니즘의 것과 다르다고 생각하지 않는다. 왜냐하면 그는 그 사조들의 성향 모두가 건축적 형태에 대한 개념을 인과적, 상황적 요인들로부터 가져온다고 생각하기 때문에, 그에게는 그 사조들 모두 맥락주의의 변형물이라는 점이 분명하다. 하지만 모더니즘 건축의 형태들이 일반적으로 일부 유기체적, 생물학적, 논리적 관계들을 다시 언급하였던 반면, 포스트모더니즘 건축의 그것들, 특히 로시(Rossi)와 벤츄리의 사례들에서는 대체로 잠재의식적이거나 실질적인 관습들을 언급한다. 전자에 공감하여, 코쿤은 언어**로부터** 예술과 건축의 구분에 충분히 강조점을 두고자 한다. 후자에 동조하여, 코쿤은 건축을 언어의 특별한 양식이 결코 아닌 것으로 보는 최근의 고찰을 피하기 위한 쉬운 길을 찾지 않는다.[35]

역사와 동시에 예술 및 건축의 서로 다른 역사적 시기

35 *Essays in Architectural Criticism*⋯, esp. Ch. 4, sect. 1, Historicism and the Limits of Semiology, pp. 136-137.

를 설명하기 위한 그의 패러다임 의존에 대한 보다 명확한 이해는 코쿤의 계획에 도움을 줄 것이다. 실제로, **에피스테메(epistemé)**나 지식의 방법을 구성하는 관계들의 체계로서 이러한 패러다임에 대한 은연중의 의존은 본 장과 앞선 장의 다른 비평가들, 즉 스컬리, 페레즈 고메즈, 노베르크 슐츠의 특징이 되었던 것이다. 예술 및 건축 작품을 지각 대상으로 살펴본 이후, 그러한 비평가들은 그 형태, 내용, 또는 패러다임에서 상관적으로 연결된 원인의 결과로서 두 가지 모두를 설명하기 시작한다. 그러한 원인들은 아마도 그 작품에서 모방했든 구현했든 간에, 관념이나 정신적 특징들로서 형식주의에 따라 이해될 것이다. 아니면 그것들은 기계주의에 따라 물리적, 심리적 창조물에 적용되는 범위, 운동과 법칙들로서 보일 수도 있다. 그것도 아니면 유기주의에 따라 유기적/논리적 전체, 또는 상징적 대상으로 특수화된 새로운 관계들로 가장하여 특징지어질 수 있다. 마지막으로 그것들은 맥락주의에 따라 물리적, 생물학적, 심리학적 무엇이든 간에 예술적 과정에 병합된 맥락적 요인들로도 볼 수 있다. 그 모든 비평가 및 이론가들은 예술의 창작됨에 집중하는 대신, 종국에는 예술 작품을 관념과 원인들로 치환한다.

패러다임에 대한 은연중의 호소를 통한 그런 설명방식들은 그 비평가들에게 시간의 흐름에서 예술적, 건축적 대상들의 진화와 변이를 유발한 역사적 이행을 설명하기 위한 도움을 주었다. 하지만 그러한 인과적 설명의 형태에 대한 의존을 인정하지 않았기 때문에, 그 비평가들 각자는 작품에서 그만의 맥락적으로 병합된 관념과 원인의 형태에 사로잡힌 죄수가 되었다. 앞서 보았듯이, 그리고 이제 보다 명료하게 하자면, 스컬리의 경우에는 자연/인간 존재의 관계들이라는 실용주의가 건축사의 전체적 설명의 기저를 이룬다. 노베르크 슐츠의 경우, 심리학적 게슈탈트의 맥락주의가 역사에서 의미와 장소에 대한 이해의 바탕을 이룬다. 페레즈 고메즈의 경우, 초월적인 맥락주의는 생산물, 사회적 관습(의례), 믿음이라는 선험적 범주들에 똑같이 호소하며, 과거의 역사나 최근의 역사 전체에 걸쳐 얼마나 흩어져 있든 간에 뛰어난 건축(과 비평)의 사례들을 설명하였다.

각각의 장에서 그 초점을 예리하게 맞추었듯이, 본 연구의 정확한 목적이 되었던 것은 예술 작품은 근본적인 일면들에서 범주나 개념적 관계들의 도움을 받아 설명될 필요가 있는 지각 대상으로 주로 고려되지 않는다는 점을 가리키기 위함이었다. 그 목적을 위한 강조점은, 하이데거가 세계(2), 개념적 관계들로 나타나는 실제들의 종합적 효과와 세계(3), 제도를 세우는 근본적 방식들에 의해 그 의미들을 창조적으로, 몇 번이고 되풀이하여 모으며, 그중 한 가지는 예술 작품인 불완전한 세계 사이의 중요한 구분점 전체에 위치해왔다. 마찬가지로 그에 동반되는 강조점 역시도 형태, 게슈탈트, **표상**(figura)[36]으로서 예술 작품이 틀림없이 전통의 해석학적 부활에서 유래할 방식에, 즉 사람들의 말이 시적 창조물에서 존재의 언어, 변화하는 해석에서 대지, 하늘, 인간, 불멸의 네 가지의 움직임을 모으는 방식에 위치해왔다. 이러한 명백한 하이데거의 맥락주의는 예술(건축) 작품에 기술적이나 해석적으로 적용될 개념적 고려 대상들을 경시하거나 무사하려는 의도를 지니지 않는다. 반대로 그것은 인간 실존에서 예술의 장소를 마련하기 위해 작품의 시적 중요성이 완전한 고려사항이라고 주장한다.

코쿤은 마찬가지로 예술과 건축의 역사를 포함한 문화의 진화라는 암묵적인 변증법적인 유물론적[37] 개념에서 자유로워짐에 따라 그의 주장에 기여할 수 있다. 코쿤의 패러다임에 대한 의존은 대체로 역사 철학에 대한 그의 대단히 박식한 언급을 통해 조정된다. 어떤 점에서, 그는 역사주의에서 발견한 약점들 중 하나에 굽힌다고까지 말할 수 있다. 그는 연구되어야 할

36 하이데거는 게슈탈트, 표상, 이미지와 상징이라는 모든 개념들을 연이어 언급한다. *Poetry, Langauge, Thought*, p 20, 64.

37 "미학적인 것은 특별한 물질적 상황의 실존을 통해 새로운 상태가 되며, 심지어 이 상황에 선석으로 좌우되지 않더라도 그렇다. 오늘날의 역사가들은 과거의 예술적 산물의 물질적 조건들에 대해 연구하는 경향이 있다. 오늘날의 건축가는 그러한 조건들이 초래한 전통의 변형에 대해 똑같이 인지해야만 한다." *Modernity and the Classical Tradition*, p. 18.

역사적 방식을 주의깊게 살피면서 문화가 작동하는 방식을 설명하려는 경향을 보인다. 그에 따라 모더니즘/포스트모더니즘에서 건축적 작품의 의미에 대한 그의 결론은 예술과 건축에서의 역사적 과정에 대한 그의 이해로 거슬러 올라갈 수 있으며, 이는 각각의 역사적 시기에 예술적 생산물을 동반한 개념적 패러다임들의 변화가 아니라, 그보다는 역사적 과거에서 각각의 시대적 관계를 동반한 역사학적 방법론에서의 변화에 해당한다.[38]

역사적 절충주의는 당연하면서도 영원한 양식들의 지속적인 순응이며, 19세기 중엽까지 서구 문화에서 예술적 변화들을 동반하였다. 그때 자연법칙과 자연적 가치들에 대한 관념은 역사적 발생이라는 헤겔주의적, 다윈주의적 목표가 지시하는 모든 법칙과 가치들의 상대성에 의거한 새로운 역사적 방법으로 대체되었다. 하지만 역사적 과정과 이행을 이해하는 그런 방식들 중 어느 것도 모더니즘의 등장 이후를 용인하지 못했기 때문에, 그 전통의 지속적인 이용에서 우리는 유일하게 모든 법칙과 가치들을 정밀하게 결정하는 관습주의(conventionalism)에만 의존할 따름이다. 한편으로 모든 시대와 문화는 게임과 규칙의 창조를 통해, 관습적으로 다른 문화들로부터의 차용물을 모

38 특히 다음의 에세이를 참고. "Three Kinds of Historicism," *Modernity and the Classical Tradition*, pp. 3-19.

으고 순응하는 만큼, 우리의 현재 문화도 서로 다른 시간과 공간의 경험과 형태, 전형과 미학적 형태들에 호소한다는 점을 인식할 필요가 있다. 다른 한편, 이러한 호소는 외관상 대체된 가치와 규범들에 대한 관계의 전체적인 결여 및 무지가 지배하지 못할 것이다.[39]

> 오늘날 건축에서 문화적 기억이 스스로를 입증하는 방식은 무엇에 있는가? 내 의견에서 그것은 절충주의로의 회귀에 의해서는 이것이 이루어질 수 없다는 점이며, 만일 우리가 18, 19세기 문화에 속하는 무언가를 의미하는 절충주의에 의하더라도 말이다. 나는 18, 19세기 절충주의에서 절충주의는 특정한 일련의 관념을 위한 기호나 상징이 되기 위해 건축적 양식의 능력에 의존한다는 점을 입증하고자 했다. 하지만 이것은 과거의 양식 및 그러한 양식들을 이데올로기적 왜곡에 굴복시키는 능력에 대한 지식과 동조적인 일체화에 의존했으며, 그러한 왜곡들은 그럼에도 그 양식들 그 자체에 대한 면밀한 지식에서 단언되었다. … 우리가 지금 과거를 되살릴 때, 우리는 과거의 가장 보편적이며 평범한 함축들을 표현하려는 성향을

39 *Modernity and the Classical Tradition*, pp. 16-17.

보인다. 그것은 단순히 환기된 과거의 "과거성"이다.

코쿤의 작품에서 건축의 과거 양식적 특징들에 대한 전유와 인용 문제를 검토하기에 그의 1978년 논문 「형태와 형상(Form and Figure)」보다[40] 더 나은 것은 없다. 비록 코쿤은 논문 전체에서나, 그 문제에 관해 저작 전체에서 알레고리(allegory)라는 단어를 사용하지도 않으나, 「형태와 형상」은 전통적 건축에서 시적 장치를 전반적으로 구성하는 것으로서 알레고리의 중요성의 입증에 집중하는 데 이른다. 이 논문에서의 출발점은, 관습적이지 않고, 본래의 기호에 대한 미학에 의거한 모더니즘 건축에 대한 그의 보편적 해설이다.

전통적 건축에서, 미학적 가치는 결국에는 양식적 특징들과 고전적이거나 성경의 내러티브, 수사어구에 대한 유형학적 형태를 통해 각각의 다른, 환유적 연속들과, 물리적, 감정적, 도덕적 특징들, 은유적 연속들의 관습적 결합에 의존하였던 수사학적이거나 설득적인 가치가 지탱했다. 그러므로, 예를 들어 비트루비우스의 지시는 기둥, 들보, 아치, 지붕과 같은 요소들을 벽과 그것들의 침투에 통합시키기 위해 그 요소들을 대비시켰다. 그러한 대조적 지시들은 그 자체로 힘이나 우아함과 같은

---

40 *Essays in Architectural Criticism: Modern Architecture and Historical Change*, Cambridge, Mass., and London, England, MIT Press, 1985, pp. 190-203.

일련의 특징들의 대비와, 일련의 보다 더 이어지는, 이교적 신성과 영웅들을 기독교의 신이나 성인들과 같은 특징들과도 결합시킨다.

건축과 결합될 때, 그 모든 의미들이 결합된 특별한 기둥이나 지붕은 그 건물을 모든 은유적 결합의 형상적 전형으로 만들 것이다. 환유적, 은유적 연속들의 결합은 신성한 내러티브의 텍스트가 지탱하기 때문에, 전형을 형성하는 전체적인 종합은 관습적으로, 즉 그 내러티브와 함축들이 수용될 때에만 가능한 것으로 나타났다. 다른 한편, 일관적인 전형들의 집단은 주제에 대한 총론적이며 포괄적인 조직화를 구성하는 한, 고정된, 누구나 존재론적이라 말할 수 있는 지위를 획득했다. 이것이 비극, 희극, 우화와 논의상으로 대응되는 "고급 양식"과 "저급 양식"이, 미학적 고상함에 따라 인물, 배경, 행위의 적합한 연결성을 구축하는 방식이다. 전통적으로 주제의 이러한 조직화는 문학보다는 건축과 음악에서 한층 더 중요했다. 실제로, 건축과 음악은 인물, 배경, 행위의 구체적인 연출이 아니라 전형과 장르를 병합한다.

코쿤에 따르면, 의미와 이미지의 이러한 유형학적 고정화는 18세기에 퇴행적 국면에 시달렸다.[41]

---

41 Ibid., p. 193.

> 지시와 유형학적 목록에 부가된 본래의 의미들은 막연해지거나 평범해졌고, 사고의 근원적인 체계는 일종의 흩어진 기억 속에 분해되었다. 만일 여전히 본능적인 사고가 고정된 고전적 형태와 수사를 이용했더라도, 세계관에서 그 요소들과 의미의 정확한 역할에 대한 불확실성만 존재했다.

이 시기부터, 전형들의 결합이 단편적이게 되었다. 때때로 그것은 기능에 대한 순응에 지배당했던 반면, 다른 때에는 단편적인 수사들을 그 자체로 잠재적인 언어적 게임들의 요소로, 아니면 보다 야심적으로는, 세계의 "가능한" 또는 "실제적인" 요소들로 증명하게 만들려는 자의적인 시도가 되었을 것이다. 모더니즘 운동에 대한 코쿤의 이해에는, 기능을 지닌 본연의 기호로서 형태의 등장이 이중적 의미를 지녔다. 첫째, 본연의 기호로서 작동하고자 시도함에 따라, 모더니즘의 형태들은 전통적인 전형, 장르와 양식들의 관습성을 의미의 핵심에서 실질적으로 산산조각냈다. 두 번째로, 그 표현적 가치들을 지적함에 따라, 모더니즘의 순수한 형태들은 전형들과 그 단편들에 부여된 의미의 단위들을 대체하기 위한 관습적, 주관적인 의미의 새로운 지평을 열었다.[42]

---

42 *Essays in Architectural Criticism*, pp. 136-137.

> 르 코르뷔지에에게, 선박의 형상은 건축적 언어를 위한 새로운 모델을 제공하고 마찬가지로 심오한 수준에서 아주 오래된 인간의 주제들, 예를 들어 12세기의 수도원 생활과 같은 역사를 가로지르는 관계들을 세우는 데 이용되었다. 이것은 근대 건축이 19세기의 절충주의로 회귀하였다는 의미가 아니다. 19세기에는 전반적인 기호학적 스키마들이 중요해졌다. 근대 건축은 일상 생활의 단편들과 역사 속의 단편들을 차지했다. 이러한 의미에서 근대 건축은 본질적으로 구성적이었다. 그것은 의미 체계들을 의미를 전달할 수 있는 가장 작은 단위로 부수고, 그 체계들이 추출되었던 전체 체계와는 상관없이 재조합하였다.

코쿤에게 그것은, 모더니즘 건축의 가장 중요한 요소인 디자인에서 경제적, 기술적 요인들의 증대되는 영향을 초월하기 위한 시도인 한, 주관적 의미를 지니는 구성물이다. 하지만 이러한 의미가 주관적이며 관습적인 한, 그로서는 그 강조점이 모더니즘을 포스트모더니즘과 구분할 수 없게 만든다. 모든 사례들에서, 건축은 오로지 그 자체만을 입증하는 형식적 언어이거나, 아니면 틀림없이 이데올로기와 물질적 조건의 결과로서 주관적 측면에서 이해될 수 있는 것이었다. 그 주장의 부정할 수 없는 강점에도 불구하고, 코쿤이 고안한 역사적 변증법 및 그의 모더니즘과 포스트모더니즘의 기호학적 분석에 대한 결론은 똑같이 취약하다. 그것들은 모두 베르그송, 하이데거와 메를로 퐁티가 명백히 윤곽을 그린 미학적 창조성의 전통과 형이상학적 함축에서 미학의 지혜로운 측면들을 심하게 무시하며, 근대 예술과 건축의 가장 위대한 대가들의 작품에 명백히 말려들고 마는 설명들이다.

결국, 코쿤의 접근방식은 근본적으로 비평 인식론적 접근방식으로 남아 있다. 존재에 대한 우연성 **그리고** 창조성의 혼합물에 대한 인정도 없고 전통에서 창조물의 회복될 수 있는 특징에 대한 인식도 없으므로, 그의 "전통에 대한 해석학"은 오로지 가설을 제기하고 그 부당성을 증명할 수만 있으며 "역사의 유혹"을 극복하라는 그의 요구는 설득력을 지니지 못한 채로 남아 있다.[43]

> … 모든 사고 체계, 모든 이데올로기적 구조들은, 항구적이며 의식적인 비평의 필요성을 지닌다. 그리고 그 수정 과정은 현존 체계를 측정하는 것에 맞서는 보다 고등하며 보다 보편적인 기준이 존재한다는 통념에서 생겨날 수 있다. 역사는 비평이 필요한 관념들

---

43 *Modernity and the Classical Tradition*, p. 18.

> 과 이러한 비평이 위조되지 않은 사료(史料)를 모두 제공한다. 고유의 역사를 꾸준히 인지할 뿐만 아니라, 역사의 유혹에 항상 비판적인 건축은, 우리가 오늘날 목표로 삼아야 하는 것이다.

코쿤에게서는 미학적 의미에서의 유력한 관습성과 그에 수반되는 인과적 조건들에 대한 의존 때문에, 형태에 대한 그의 미학적 양보에도 불구하고, 그의 건축 이론과 비평은 앞에서 검토한 두 저자들에게서 이미 인지한 똑같은 근본적인 어려움에 시달린다. 그가 지각상의 인공물로 환원해버리는 예술 작품은, 그 저자들에게서처럼, 얼마나 중요하거나 가치 있든 간에, 오로지 우연적으로만 세계의 내용물에 부가될 뿐이다. 틀림없이 그 인공물은 최종적으로 관념과 인과라는 측면에서 설명되어야만 한다. 마찬가지로, 다른 저자들에게서처럼, 건축적 기호의 기능들은 불확실한 균형 속에서 분리되고 보이게 된다. 재현, 상징, 표현은, 서구의 건축적 전통에서 조정시킬 질서가 무엇이든 간에, 코쿤에게는 우발징후적인 수준에만 몰두할 수 있다.

6
결론: 건축의 상징과 공간

앞선 장에서의 논의는 창조된 존재의 상징적 본질이 지니는 세 가지 측면들을 통합하려는 시도였다. 이러한 통합은 건축적 상징을 바탕으로 하며, 따라서 상징의 온전한 의미를 점진적으로 밝혀내기 위한 시도라고도 할 수 있다. 이러한 전개방식의 근원적인 가정은, 그 상징적 기능들이 통일된 창조된 존재가 본질적으로든 형식적으로든 간에, 관념에 따라 명료해질 수 있는 지각대상이 아니라는 것이다(하이데거의 용어에서는, 틀림없이 어떤 눈앞의 것이 아니라 손안의 것을 가장 근본적이며, 비의인화된 수준으로 보아야만 하는 것이 된다). 창조된 존재들은 심리학과 현상학을 초월한 한계라는 점에서 이미지다. 후설, 하이데거, 메를로 퐁티의 현상학에서, 이미지는 심리적 능력에서 그리고 부재한 실재들에 대한 공상적이거나 망상적 대체물들로서 사르트르의 부정적 현상학에서 받아들인 인식론적 특성 짓기를 완전히 넘어선다. 앞선 장에서 논의했듯이, 형상적 측면에서 상징적 대상은 한 가지 대상과 다른 대상에 대한 단순한 환유적 연결이나 다른 대상에 의한 한 가지 대상의 은유적 표현이 된다고 말할 수 없을 것이다. 상징적 대상은 관념(좁은 의미에서의 상징)을 대신하는 지각적이거나 망상적 대상으로도, 모방적이거나 관습적인 감정의 표현으로도 환원되지 않는다. 하이데거에게, 상징적 대상은 손안의 것의 가장 다양한 변화로서, 창조에 의해 실재에 부가되고, 예술로서 아우라, 그 특색을 이루는 의미의 과잉을 지니며, 인간 존재가 혼돈이 없는 세계(3), 질서의 출현과 재출현을 만들어내는 데 공로를 지닌다.

이 책 전체에서 다양한 방식으로 명확히 말해왔듯이, 그 다음에 따르는 것이 후기 하이데거의 시적 사고에서 뜻깊은 핵심이다. 예술 작품은 대지의 우연성, 침묵과 폐쇄성에 맞서 세계를 "제시한다." 그것은 대지를 "방해하나", 사르트르의 "즉자(in-itself)"가 아니라, 디자인과 리듬의 지탱물이자 위치로서다. 그리고 그것은 그러한 공간적-시간적 리듬이나 디자인을 "시작한다." 마찬가지로, 예술이 세계의 표현이나 진리를 가져오는 한, 예술의 대상은 항상 기념인데 그것은 역사적 개방성에서, 즉 시간을 가로지르는 타당함에서 창조적 실존을 구성하는 가치들을 "확립하고", 세우고, 헌정하기 때문이다. 같은 측면에서, 작품은 강제적이며 도전하는 것으로서 죽은 것에서 산 것으로까지 전달하는 존재의 언어에서 단어로 그 자체를 "정하거나" 제안한다.[1] 본 연구 전체에서 유지되었던 것은 예술적, 건축

1　비록 일부 논평가들은 『예술 작품의 기원』에서 하이데거가 "놓다

적 상징들이 모든 원인을 포함하는 것 없이(예를 들어, 원인으로서 미덕, 문화적 조건, 본능이나 물리적 힘들) 관념과 감정의 중개를 통해 발전된다고 이해될 때, 상징들의 뚜렷한 미학적 "창조됨"은 변증법적 수단으로서 도덕주의적 이행이나 선전 도구로서 이데올로기적 이행으로 대체된다는 점이다.

작품의 창작됨을 감정, 관념, 변증법적 수사로 환원시키는 한 가지 훌륭한 사례는 러천즈(Lutyens)의 1차 세계대전 전사자들을 위한 프랑스의 티에발 기념물에 관한 빈센트 스컬리

(setzen)"라는 동사에서, 그 파생어의 일부에 강조점을 두었다는 사실을 인지하나, 아무도 이 동사와, 그와 관련된 형태들의 연결망, "시작하기", "지연하기", "제시하기", "세우기", "정하기"가 창조됨과 그에 대응하는 존재론의 경험을 구성하는 중복되는 익숙한 가정의 핵심을 이룬다는 점을 지적하지 않았다. "놓기"의 첫 의미에서 나온 이 파생어들의 연결망은 『예술 작품의 기원』에서 두 가지 중요한 역할을 지닌다. 첫째, 창조됨에 관한 논의에 엄격한 통일성을 부여하며, 그 통일성은 4중성의 영역들에서, 모든 관계들의 관련성을 "근접"이나 익숙함에 평행시킨다. 두 번째, 그것은 "대지", "하늘", "인간", "불멸"의 주제들이나 "위치"에 의거하여 하이데거의 맥락주의를 확립한다. 그때 하이데거에게, 창조는 우연의 폐쇄성에 맞서 존재의 개방을 놓아두는 방식이다. 그의 미학적 존재론과 그로부터 전개된 미학에서 다른 모든 것은 『존재와 시간』에서 의식과 내구 사이에 확립된 보다 좁은 관계보다도 중요하고, 이 근본적인 경험에서 그 기원을 지닌다. 그에 따라, 초기 저작에서 하이데거가 모든 것에 대한 기호로서 그 지시가 세계-내-존재나 내재하는 지속에 대한 일시적 관심의 한계에까지 확장되는 도구에 관심을 기울였다는 점은 분명하다. 상징으로서 예술 작품의 보다 복잡하며 근본적인 존재론은 진리, 언어와 예술에 관한 후기 논문들을 저술하기 전까지는 하이데거의 관점에 포함되지 않았다.

의 논의로, 연이어 마야 린(Maya Lin)의 베트남 전쟁 전사자들을 위한 워싱턴 D.C.의 기념벽과 비교한다.[2]

> 그 기념물은 우리에게 떠올라, 1920년대 미국의 마천루 중 하나처럼 벽돌과 하얀 테두리에서 산과 같이 다가오고 물러간다.
> 그것은 또한 거대한 괴물이다. 그 돋움 새겨진 판은 눈을 가지고 있고, 그 높은 아치는 비명을 지른다. 그것은 죽음의 열린 입이며, 결국에는 우리 모두를 집어삼키기 위해 일어난 풍경 미술의 "초상화"다. …
> 우리는 그 기념물에서 내려가며 묘지에 다다른다. 이제 묘지는 그것을 향해 열린 공간을 가로지르는, 그 아치와 직면한 듯한 모습을 보인다. 그 기념물에 방문하는 모두가 지금 눈물을 흘린다고 말할 수 있을 것이다. 바로 이것이다. 인간 존재의 엄청난 용기는 그 괴물을 향해 열려 있는 곳으로 나아가며, 그 괴물은 절대적, 절대적 고통과 무(無)이다. 그는 빈 공간, 무의미, 탐욕스러운 전쟁과 죽음이다. 죽은 자를 위한 승리는 없다.

---

2 Vincent Scully, *Architecture: The Natural and the Man Made*, New York, St. Martin's Press, 1991, pp. 360-366.

이웃한 노트르담 대성당(Basilique de Notre-Dame de Brebières)의 풍부한 알레고리적 함축에서 나온 추상 작용으로서, 러천즈의 기념물은 그 교회의 입구(대지의 도시)와 그 정면을 통할하는 거대한 에디쿨라(천상의 도시)가 지니는 형상적 의미에서 빼앗아 온 것이다. 심지어 브레비에르 교회의 신그리스적 절충주의는 그것이 내포한 모든 알레고리적 지시들을 평범하게 만들더라도, 관습적인 그곳에서 교회가 내맡긴 순례의 목적에 봉사한다. 뭉크(Munch)의 화제의 그림 〈절규〉에서 거슬리는 근심에 텍스트적, 시각적으로 빗대어 티에발 기념물의 관습적 애매모호함을 기술적으로 배제하려는 스컬리의 시도는 평범을 향해 한발 더 나아간 단계를 취한다. 명백한 것을 강조하는 대신, 기념물의 가장 두드러진 특징인 리드미컬한 형태들의 독창적인 모더니즘적 활동은 아니더라도, 스컬리는 러천즈에게서 교회의 특징들에 대한 다소 천진난만한 우상적 추상작용에 대한 아주 흔한 실존적 상징주의를 다루기를 선택했다. 스컬리가 베트남 전쟁벽을 설명해 나갈 때, 그 기념물은 러천즈의 것보다 주제적 풍부함이 한층 더 적으나, 그는 단순히 마야 린의 주관적인 열의 및 그 배경의 기념 기념적 풍부함을 측정하려는 그녀의 노력에만 의지할 따름이다.[3]

---

3 Ibid., p. 366.

> 나는 그 대지를 열고 싶은 충동이 있다. … 처음의 폭력은 시간 속에서 나을 것이다. 풀은 자시 자라날 것이나 잘린 것은 그대로 남게 된다. … 나는 대지에 심어진 무거운 물리적 대상들을 그려내지 못했다. 대신 그것은 마치 빛나는 세계와, 우리가 갈 수 없는 곳을 넘어선 조용하고 어두운 세계 사이의 중간면에서 검게 자라난 대지가 빛나고 만들어진 듯하다. … 나는 그 표면을 반사적이고 평화롭게 만들기 위해 검은 화강암을 선택했다. 그 입장은 오로지 링컨 기념관과 워싱턴 기념비의 관계에서 국가의 과거와 현재 사이의 통합을 창조하기 위해 생겨났다. … 나중에 내가 방문했을 때, 나는 친구 아버지의 이름을 찾았다. 나는 그것을 만졌고 울었다. 나는 또 다른 방문자였고 내가 설계한 것처럼 반응했다.

티에발 기념물에 대한 설명에서, 이미지의 상징성은 방문자들에게서는 재연으로 반복되는 군인들의 학살이라는 의례적 행위들을 환유적으로 연속된 가소적 리듬의 형식적 구조로 나타난다. 전쟁을 괴물로 단순히 의인화하는 것은 기념물의 선택적 특징과 거대한 동물적 요소들의 은유적 등가에 기반하여 떠오른다. 이러한 환유적/은유적 상징성은 베트남 기념벽에서도 반복된다. 혹자는 방문자들의 재현에 따른 매장 의식의 동일한 환유적 반복과, 그와 더불어, 논의된 소재들과 창조자이자 방문자로서 건축가의 감정 사이의 은유적 등가물을 찾을 수 있다.

모든 사례에서 상징성은 자명한데, 형식적 특징들이 몸짓이나 외침이라서 그러하며, 그것은 관습적인데, 다양한 수용력에서, 작품과 결합될 모든 이들이 같은 주관적 감정을 공유할 수 있게 만들기 위해서는 기념물을 특별히 내러티브적으로 읽어야 해서다. 그런 측면들에서, 모든 기념물들은 코쿤이 소개한 모더니즘, 포스트모더니즘의 건축적 상징들의 특색 짓기에 포함된다고 말할 수 있을 것이다. 모든 작품에서, 작품의 상징성의 자명한 동기는 감정에 따라 초래되고 감정을 유발할 수 있는 재료와 리드미컬한 형태에 내재되어 있다. 상징적 언어는, 처음에는, 모든 기념물에서 의성어적이며 자연스럽다. 그 추상성에서 얼마나 진부하든, 그 기념물들은 그 특징들 일부의 의미에 대한 내러티브적 부연을 통한 어떤 관습적 종합보다도 더 형식적으로 근본적이라 말할 수 있다. 다른 한편, 내러티브적 의미는 모든 경우 부활되기보다는 수동적으로 읽히는 죽음의 "전통적" 경험에서 파생된다. 대지, 인간과 불멸의 중요한 재창조도, 복구도 이루어지지 않은 것처럼 보인다. 모든 당연하며 관습적인 동기의 무가치함은 형식적 특징과 내용상의 특징에 대한 단순하며 일대일 대응에 대한 사례를 설명한다. 진정한 미학적 창조를 대신해, 단순한 "관념들의 결합"이 그런 사례들에 작동하는 듯하다. 우리가 그런 작품 및 일시적 해석과 마주할 때, 우리는 예술의 영역에서 벗어나 이데올로기적이며 변증법적인 수사학의 영역에 들어선다.

마지막 분석에서는 앞서 언급한 관념들의 연합과 마찬가지에 이른, 코쿤의 관습적 맥락주의를 바로잡기 위해서는, 이때 형태, 전형, 주제나 테마를 문학적, 예술적으로 종합하는 알레고리의 시적 그리고 수사적 기능에 관해 말할 몇몇 논평이 필요하다. 고전적 수사학에서, 알레고리는 이상적인 법률, 도덕적 특성과 신성한 사건이 명료한 설명과 내러티브들에 합쳐진 확장된 은유다. 전자에서 후자의 등장을 통해 그리고 때맞춰 내러티브 그 자체의 변형을 통해, 에워싸고 가능성을 지니는 우연성으로부터 선의 보존과 복구의 보존에 대한 근본적인 의식이 이야기의 형태, 관조적이며 적극적인 점이 희미한 지혜의 요점들에서 시대에서 시대로 전달되고 성취되었다. 하지만 이러한 지혜의 요점은, 코쿤이 원했던 것처럼, 전적으로 관습적이지 않았다. 그것은 인식론적 의미에서 믿음과 헌신으로서, 페레즈 고메즈가 주장했던 것처럼, 문화적으로 정당화된 행위 프로그램들의 실행을 위해 자명하게 "초월적"으로 요구되지도 않았다. 전통적인 지혜를 특색 짓는 그러한 방식들은 전통적 지혜 그 자체보다 많은 점에서 근대적인 그 발생에 대한 역사주의적, 심리학적 설명에서 유래한다.

그러한 설명들과는 반대로, 여기서 반드시 반박되어야 할 것은, 하이데거의 암시들에 따라, 그것들이 창조에 관여하는 한, 전통적 지혜는 창조에 관여하는 존재에 의해 향유되는 존재에서 그 암시들 그 자체를 창조적으로 위치시키는 방식이나 수단이라는 것이다. 전통적 지혜에는 개념 체계의 구성으로 직관적으로 이어지는 지적, 사고적 요소들이 존재한다. 이러한 구성과 함께, 그에 대응하여 가정상 확인되거나 확인될 수 없는 진리가 확립될 것이다. 이것이 어떻게 기호의 통제를 위한 이성적 패러다임들이 나타나고 서로 대체되는지에 대한 이유다. 하이데거에 따르면, 만일 패러다임들이 세계에서 살아가는, 즉, 살아가며, 견디며, 행동하는 형태에 **부합하는** 배경에서 거주하는, 보다 근본적인 고유한 지혜를 보완하더라도, 그때 이성은 과도하게 이상화된 기호와 상징들에 의해 전통적 지혜를 모방하고, 그에 따라 이성은 지속하기와 창조하기 간의 보다 익숙한 관계들이 아니라 과도하게 강조된 상관적 양식들에 의해 전통적 지혜를 파괴한다.

시적/예술적 알레고리들이 내포한 전통적 지혜의 요점은 항상 생활 형태에 **부합하는** 거주나 배경의 모임이나 구성이었다. 누구나 오비디우스(Ovidius)의 『변신 이야기(The Metamorphoses)』와 같은 전통적 지혜의 선집들에 대한 해석학적 읽기를 통해 쉽게 이해할 수 있듯이, 그러한 내러티브들에서 구별될 수 있는 심리학적, 역사적, 도덕적, 그리고 심지어 환경적 지혜는 공동체의 지속을 위한 공식에 따라 생물학적, 전기적, 역사적으로 영감을 받은 관점이 비추는 곳에 나타난다. 그에 따라 바로 이때 중요한 것은 또다시 세계에서의 주거 및 시적 말하기 사이에서의 합치라는 이 근본적인 의미에서 상징은 이내 뭉친다는 점을 끌어내고 유지하는 것이다. 지극한 합치가 동결되고, 수동적으로 전달되며 결국에는 사라지는 "제도들"이라는 측면에서 이러한 전통의 일반적인 정의를 막기 위해서는 오로지 합치에 대한 그 의식만이 하이데거가 언급하고 서양의 문화적 관습들 일부와 신비롭게 "비교하는" 제도들을 작동하고 부활시킬 수 있다.

『예술 작품의 기원』에서, 하이데거는 창조적인 "세우기(setting up)"와 정치, 종교, 예술과 과학의 평범한 제도들 사이의 경계를 주의깊게 거친다. 예술은 독창적 예술에서, 그 4중성이 변화하는 균형, 즉 "작품을 고정시키는" "세계의 진리"라는 필요성의 반복에 따라 명백히 "예술 산업"과 분리된다. "정치적 상황을 세우는 행위"로서 정치는, 결국 권력의 이용과는 분리된다. 그 구성 행위는 공동체의 조건들에 대한 단언과 반복이다. 종교도 희생이 이익의 형태로 변모하는 종파적 관습과의 대비에서 마찬가지로 "본질적인 희생"으로서 독창적으로 특색지어진다. 언어라는 창조적 제도도 본래 "단순한 존재가 아니라, 거의 모든 것의 존재에 대한 근접성"으로서 특색지어진다. 최종적으로, 패러다임들을 통해 나타나게 만들어질 수 있는 순서와는 반대로, 전통적 지혜는 “존재에 대한 사고로서 그 질문-가치성에서 존재를 가리키는 사고자의 질문”으로서 예리하게 설명된다.[4]

생활 프로그램들과 세계의 배경들 사이에서 극히 중요한 합치의 상실은 하이데거에게 항상 창조성에 대한 관점이 침식된 결과물이다. 그러므로 창조성과 어울리는 경험적 긴장은 일상적 제도들에 대한 수동적인 이해와 전달로 퇴보한다. 미학적 측면에서, 이러한 창조성의 상실은 성향상 그 자체를 나타내는데, 생활 형태와 배경들 사이의 중요한 합치를 병합하는 우화들에서, 전통적 지혜의 핵심을 대체하는 평범화된 환유와 은유들의 유형학적 덩어리들에서 단순한 관습적 텍스트가 되기 위해서다. 창조성의 소실을 향하는 성향은 몇 번이고 텍스트의 지속에서 인간—단조로움, 아카데미즘—과 불멸—부활된 생명의, 도덕적 집중—사이의 대비를 나타내는 것으로서 전통의 과정 속에서 되돌아간다. 그때 알레고리들의 상징적 핵심은 한정된 상징들로 용해되는 성향을 지닌다고, 즉 전통적 지혜의 핵심은 그 자체를 패러다임이 제공하는 관념들의 한정된 체계적 관계들로 환원시키는 경향을 지닌다고 헤아릴 수 있을 것이다. 체계적 관계들의 기계적 적용은 엄밀히는 직관적인 중요한 합치를 세세하게 분석적인, 텍스트화된 정보로 변형하는 것이다. 미

4 *Poetry, Language, Thought*, p. 62.

학적 수준에서, 지혜의 이러한 퇴보의 대비는 이미 상징적 이미지를 개념적으로 결국에는 인과적으로 설명되는 지각대상으로 환원시키는 점에서 인지되었다. 그러므로 미학적 지혜의 이러한 퇴보의 최종적 결과는 프로그램적, 즉 과학적, 이데올로기적, 변증법적 예술 작품이라는 "산물"이며, 부수적으로는, 상징적 의미의 핵심을 재현적, "상징적", 표현적 양상들로 조각내버린다.

전통적 지혜의 전달자로서 알레고리의 불확실한 입장과 체계적인 개념적 관계들로 변천하는 그 성향은 그 자체로 상세히 다루어질 가치를 지닌 주제들이다. 바로 이때, 플라톤주의와 아리스토텔레스주의의 총체에서, 루크레티우스부터 홉스까지 유물론적 이론들에서, 데카르트의 "꿈"에서 그리고 '**정신현상학**(The Phenomenology of Spirit)'에서, 그 모든 것이 치밀한 비유적 토대에 의거하는 알레고리와 철학 사이의 유동적인 관련성을 지적하는 것으로 충분할 것이다. 독일에서 낭만주의의 시작 이후 철학적 미학의 중심 주제가 되어온, 상징에 대한 알레고리의 대조는, 여기서 간략히 명료화될 수 있는 오류에 의거한다. 틀림없이 이 오류가 서구 사상에서 전통적 지혜에 대해 "관념"에 주어진 특권적 지위에서 나온다고 말할 수 있을 것이다.[5] 이미 1755년, 빙켈만은 회화와 건축에서 임시변통적 주

5 사상과 전통적 지혜 사이의 대립은 J. 오르테가 이 가세트(J. Ortega

제들과 관습적으로 결합된 전체, 일부의 디자인을 고안하기 위해 회화나 건축에서 세부적인 장식을 절충주의적으로 전용하는 점을 비판했다. 그는 위치를 구성하는 형식적, 주제적 특징들의 적절한 얽힘을 결정하는 수단으로서 알레고리의 정확한 이용을 권고한다. 그에게 알레고리의 정확한 이용이 어떻든 그것은 관념을 상징화하는 것이다. 빙켈만에게서는 알레고리와 상징 사이의 대조가 존재하지 않으나, 그의 상징화 개념은, 그리스 철학의 모델을 따라, 관념에 다른 감각의 명료화다. 이어지는 텍스트는 보편적 관념에서 전통적 지혜의 모티프들에 대한 거의

---

y Gasset)가 반복적으로 신중하게 분석해왔으며, 그는 관념과 믿음(creencias) 사이의 근본적인 차이점을 주장해왔다(오르테가의 관념은 다른 사회적 관습들과 더불어, 하이데거적 의미에서 눈앞의 것과 동일시되어야만 하는 반면, 오르테가의 믿음은 보다 근본적인 제도들과 더불어 하이데거의 눈앞의 것과 유사하다). 단언컨대, 하지만 불행히도, 전통적 지혜에서 패러다임으로의 손쉬운 흐름을 가정할 때, 믿음에 대한 이 풍부한 관념은, 철학적 원천들을 부주의하게 뒤섞은 알베르토 페레즈 고메즈 같은 저자들에 의해, 단순한 신앙이나 초월적 상징으로 환원되었다. 그러한 부주의한 한계에서, 믿음은 곧바로 현상학에 대한 칸트적 입장에(아니면 동일한, 행위에 대한 몰두라는 신비적 입장에) 위치한다. 그러한 신앙의 형태들은 거주하는 지속의 형태들과 세계 배경 사이의 합치에 있는 뿌리에서 오려낸 것이다. 구체적으로 그 합치를 언급하는 오르테가의 믿음이라는 개념에서 최선의, 그리고 그 당시 비교적 이른 도대 중 일부는 「체계로시의 역사(History as a System)」에서 찾을 수 있을 것이다. pp. 197-198, 215-216. 그리고 「기술인(Man the Technician)」에서도 찾을 수 있다. pp. 122-129. 논문 모두 다음에 수록되어 있다. *History as a System and Other Essays Toward a Philosophy of History*, New York, W. W. Norton, 1961.

전적인 혼동에서 벗어난다.[6]

> 회화에 대해 말하자면 감각상의 대상을 넘어선다. 그것은 가장 지고한 목표이자 그리스인들의 저작이 입증하듯이, 그들이 도달하고자 노력한 것이기도 하다. 우리는 파르하시우스(Parrhasius)가, 영혼의 화가 아리스티데스(Aristeides)처럼 민족 전체의 특성조차도 나타낼 수 있었다고 말해야 한다. 그는 아테네인들을 친절하면서도 잔혹하게, 변덕스러우나 확고부동하며, 용감하나 비겁하게 그려냈다. 그러한 표현들은 보편적인 관념을 의미하는 이미지에 의한, 알레고리의 사용으로만 이룰 수 있다.

이 중요한 텍스트로부터 손쉽게 헤아릴 수 있는 것은, 생활 방식에서 주제상의 모티프를 발견하고 그것들을 복합적인 형상적 장치에 의한 배경의 상상적 조정을 내포하는 상황에 순응하게 만드는 방식으로서 알레고리와 상징 사이에는 아무런 대립이 존재하지 않는다는 점이다. 알레고리와 상징 사이의 유일한 차이점은 알레고리적 내러티브의 불안정한 구조에는 주제

6 *Reflections on the Imitation of Greek Works in Painting and Sculpture*, English translation by Elfriede Heyer and Roger C. Norton, La Salle, Ill., Open court, 1987, pp. 61-62.

상의, 상황적, 형상적 수준에서 과도하게 분석적인 구분이 있다는 것이다. 그러한 분석적 구분은 수준에서 수준으로 요소들의 등가라는 특정한 고안물을 초래한다. 이러한 구조적 방식은 모든 예술에 우세해질 수 있으나, 구조적, 형식적, 주제상의 요소들(기둥, 아치, 천장, 정면과 세로 도면, 그리고 개별적으로는 미덕과 신성인 권력) 간의 등가들이 공동체의 생활에서 건물과의 관계보다도 보다 자주 짧아지는 지속 방식을 지닌 후원자와 사용 용도의 지시 아래 그려지는 성향을 띠는 건축에서는 유혹 이상의 것이 될 수 있다. 그러한 지시들은 전통적 지혜와 그 배경들 사이의 합치라는 해석학적 복원의 측면에서가 아니라 대상의 구조에 관해 일반적으로 수용되는 패러다임적 관계들이라는 측면에서 영리하게 형식화될 수 있다. 그러한 상황에서, 내러티브적 이성은 실패하고, 이러한 실패는 신화, 알레고리, 패러다임, 과학 사이에서의 진자 운동을 촉발하며, 그 모든 것이 그 관계적 요소들에서 서로 혼동을 일으키게 된다.

예술에 관해 하이데거의 해석학이 지니는 가치는 정확히, 그가 베르그송, 메를로 퐁티, 그 외 창조적 이미지의 옹호자들보다도 더 분명하고 명백하게 그 혼동을 근절하기 위한 사고적, 경험적 도구들을 준다는 점에 있다. 정말로, 그 혼동은 앞선 장에서 검토한 건축 이론과 비평들의 한도, 구체적으로는 페레즈 고메즈와 코쿤의 것을 특징짓는다. 그러한 한도들에는 관념이라는 수단으로 반복적으로 직면한 예술 작품에 대한 명료화가 숨어 있다. 한편으로 페레즈 고메즈에게서는, 얼마나 관념들이 주된 방식이 되어왔는지(현상학적 방식), 다른 한편으로 코쿤에게서는, 관념들이 비평이 되어왔는지를(비평 사회학) 이해할 수 있을 것이다. 창조물을 관념에 복속시키는 경향은 서구 문화나 모더니즘에서나 한정적이지 않는데, 비록 다른 장소와 시간에서는 창조물의 공예에 대한 복속의 전형적인 측면이 줄어들었다고 해도 그렇다.

노벨문학상 수상자 옥타비오 파스(Octavio Paz)는, 진화와 알레고리에서 과학적 패러다임까지 그리고 알레고리와 신화로 되돌아가는 진자 운동에 대해 많은 점을 말해주는 저작에서, "망막 회화"를 극복하고 관념을 "상징화하는" 본연의 역할로 예술을 되돌리기 위한 마르셀 뒤샹(Marcel Duchamp)의 노력을 설명했다.[7]

> 오로지 망막만을 향하는 회화와 망막의 인상을 넘어서는 회화, 즉 색채를 전달하는 것(tubes of color)을 넘어서 그 이상으로 나아가는 회화 사이에는 커다란 차이가 있다. 이것은 르네상스의 종교화가들이 그 사례였다. 색채를 전달하는 것은 그들의 관심을 끌지 않

---

7 Octavio Paz, *Marcel Duchamp, Appearance Stripped Bare*, translated from the Spanish by Rachel Phillips and donald Garder, New York, Little, Brown and Co. 1990, p. 74.

> 왔다. 그들은 신성에 대한 그들의 관념을 한 가지 형태나 다른 형태로 표현하는 데 관심을 기울였다. 다른 의도와 다른 목표에서, 나는 같은 개념을 가져왔다. 순수한 회화는 그 자체로서든 추구해야 할 목적으로서든 내 관심을 끌지 못한다.

이러한 노력은 뒤샹이 그 전통의 기념물로서 같은 역할에서 기념물을 창조하게 허락해주는 새로운 예술 형태의 발전을 이루게 한다. 〈대형 유리, 심지어 그녀의 독신자에게 벌거벗겨진 신부(The Large Glass, The Bride Stripped Bare by Her Bachelors, Even)〉는 그런 기념물 중 하나다.

파스의 예리한 해석에서, 〈대형 유리〉는, 표면상 옷이 벗겨진 신부에 대한 그림이며, 진정한 알레고리다.[8]

> 그녀의 스트립쇼는 구경거리, 의례, 생리적, 심리적 현상, 기계적 작용, 물리-화학적 과정, 하나로 합쳐진 관능적, 정신적 경험이며 메타아이러니가 그 전부를 지배한다. 뮤직 홀, 교회, 외로운 소녀의 방, 연구실, 가스와 폭발물을 제조하는 공장, 폭포 자락에서 맑게 씻기는 나무, 정신의 극장 … 〈대형 유리〉는 재

---

8 Ibid., p. 50.

> 창조적인 물리학의 회화이자 에로티시즘과 아이러니 사이에서, 목이 매달린 여성과 같이 아슬아슬하게 균형을 이루는 형이상학이다. 가능한 실재의 형상은 우리와는 다른 차원에 속하기 때문에, 본질적으로는 볼 수 없는 것이다.

그러므로 근대 생활의 일반적인 제도들의 의미 수준을 뒤섞어버리는 이 기념물의 최종 목표는 정확히 전통적 지혜의 숨겨진 차원을 부활시키는 것이다. 창조는 감정으로 환원될 수 없는 존재에 대한 고유한 갈망이다.

파스의 해석 중에, 뒤샹이 관념의 회화에 대해 새로운 형태라 지칭한 것은 개념에 의한 예술 작품의 근대적 명료화와는 동일시 될 수 없다는 점이 분명해진다. 뒤샹에게, 관념들은 르네상스 이후 그 고유한 심리학적, 인식론적 기원에서 비판적 사고 과정으로 빠지게 된 것이었다. 관념의 회화는 그 자체로 관념의 시작에서 비판적 사고의 과정에 대한 회화로 빠지게 되었다. 파스에게, 창조의 상징으로서 〈대형 유리〉에 내포된 전통적 지혜의 항목은 한 가지이자 유일한 근대적 관념으로서 비평의 신화에 대해 대응하는 알레고리적 발견에 있다.[9]

---

9 Ibid., p. 75.

> 오늘날 우리는 관념 대신 비평을, 체계 대신 방식을 지닌다. 용어상 적절한 의미에서, 우리의 유일한 관념은 비평이다. 〈대형 유리〉는 관념의 회화인데, 내가 보여주었다고 생각하였듯이, 그것이 비평적 신화이기 때문이다. 하지만 그것이 오로지 이와 같다면, 그것은 단순히 하나 이상의 작품일 테고 그 계획도 불공평하게도 결실이 없게 될 것이다. 나는 그것이 또한 무엇보다도 비평의 신화라는 사실을 강조해야겠다. 비평적 신화, 즉 근대 기계적 발달이라는 측면에서 신부-처녀의 종교적, 관능적 신화에 대한 비평이자, 동시에, 과학과 기술에 대한 우리의 관념을 우습게 만드는 신화이다. … 지금 아이러니의 기능은 명확함을 크게 지니며 나타난다. 그 부정적인 의도는 그 작품을 잉태하는 비평적 본질이 되는 것이다. 그 긍정적 의도, 비평에 대한 비평은 그것을 부정하고 그리하여 신화의 측면으로 균형을 기울이는 것이다.

예술의 전통적 기능에서 관념과 신화의 이러한 수렴은 초월적 신앙으로서 신화의 일체화에 강력하게 저항하는데, 그러한 신앙이 동시에 비합리적이면서 비평적이었기 때문이다. 다른 한편, 동일한 수렴은 비평이 전통적 지혜의 핵심을 부활시킨다는 긍정적 목적 없이도 전통에 적용될 수 있다는 통념에도 똑같이 강력하게 저항한다. 하이데거의 상징에 대한 형이상학적 해석학은 그런 폐색된 방향으로부터 떠나는 예술적, 건축적 의미를 향한 길을 보여준다.

모더니즘 상징주의의 한 사례로서, 뒤샹의 〈대형 유리〉는 관념들의 상징화를 위한 개념적 범주들에 이용되는 특별한 창조물의 재료와 형태가, 그것들을 복원된 전통적 지혜의 신호로서 작품으로 만들기 위한 전적으로 새로운 방식에서 어떻게 경험되고 해석될 수 있는지를 가리킨다. 이러한 통찰은 건축에서 상징주의의 모더니즘적 사례들을 지적한다. 만일 그런 사례들이 전통적 지혜의 항목들을 부활시키려는 시도임을 반영한다면, 재료와 형태는 예술 작품의 보다 급진적인 존재론에 부합하여 경험되고 해석될 필요가 있다고 말할 수 있는 것인가? 다양한 패러다임들의 물질적 실재들이 지니는 사례에서 재료와 형태의 결합은 항상 공간적 확장으로 규정되며, 이것은 특별히 공간 예술의 여왕, 건축에 적합하다. 그러한 이유들은 본 연구의 중요한 문제의 근본적인 이유인 필연적인 딜레마로 이어진다. 모더니즘 건축에서 공간성의 경험은 본질적으로 다양한 패러다임들에서 지각적이거나 개념적 공간성과 유사한가? 아니면 우리는 공간에 대한 패러다임적 형태들에서 벗어나 생활 공간으로 향하는 모더니즘 예술과 건축의 확고한 전환에 맞추기 위해 근본적인 공간성을 반드시 추구해야만 하는가?

이 책에서 검토한 이론가와 비평가들에게서 이 문제에

대한 답은 명백히 그렇다이다. 스컬리에게, 모더니즘 건축의 공간은 다양성이며, 바로크의 형식주의적 그리고/또는 기계주의적 공간과는 다른 배열이다. 바로크에서, 입체의 조각적 가소성과 인본주의적 상, 그 질적인 공간은 양적인 확장의 무한한 가능성이 지배했고, 그에 따라 양적인 공간이 디자인을 지배하였던 반면, 모더니즘에서 양적, 투시적 공간은 질적인 공간이 아니라 바로 언급한 공간의 보다 깊은 의미에 지배받는 것처럼 보인다. 노베르크 슐츠에게, 공간은 형식주의적/기계주의적 범주가 아니라 심리적, 환경적 요인에 다른 맥락주의적 결과로 여겨졌다. 동시에, 그런 요인들은 디자인에서 훌륭한 게슈탈트에 기여하는 위상학, 형태학, 유형학의 관계들을 결정한다. 이러한 맥락주의적 접근 방식은 그에게 디자인의 공간이 심리적, 환경적 요인들의 조화로서 반드시 현저하게 주관적이어야 하는가 객관적이어야 하는가의 문제를 짊어지운다. 페레즈 고메즈도 틀림없이 같은 어려움에 직면하나 그는 신앙의 지배적인 역할에 호소하여 그 문제를 해결한다. 다른 한편 코쿤은 같은 문제를 해결하기 위해 관습에 호소한다.

하이데거가 공간을 인식한 방식에서는 어떤가? 그에게 공간은 내-존재의 주관적 차원인가? 혹은 물질적 객체의 형태와 재료의 배치인가? 『존재와 시간』에서, 처음에 공간은 세계(3), 세계 **안에** 존재하는 존재의 **어떤 점**의 특별한 측면으로 나타난다. 이 존재가 오로지 그 활동을 통해서만 존재하므로, 공간은 한계나 지평까지 펼쳐지는 행위를 구성하는 모든 도구들의 지시에 대한 배열이라 말할 수 있다. 『존재와 시간』에서는 행위의 배열이나 구성을 복잡하게 만드는 특별한 문제가 존재한다. 당연히 그 문제는 그 도구를 단순한 가공을 대신하여 분명히 드러내기 위한 행위의 중단(suspension)이다. 그리고 이러한 중단은 형태와 도구의 이용을 통해 그 자체를 꾸준히 만들고 다시 만드는 공간에서 공간과 그 형태들이 체계적으로 나타남에 따른 관계들의 연결망으로써 전개되는 공간까지의 이행을 나타낸다. 이러한 이해는 손안의 것이라는 공간이 입체적 공간이며, 그 공간은 **공간 공포**(horror vacui), 지속적인 활동의 맞물림 및 우연성에서 그것이 직면하는 쉬움과 어려움이 지탱하지 못하는 순수한 현존의 공포라는 추론으로 이어진다. 눈앞의 것의 공간은 반대의 시각에서 존재한다. 그것은 현존을 가리키기 위해 선택되어온 관계들이 전체 세계, 세계(2)를 체계적으로 나타낸다는 확신에 의거한다. 이러한 확신은 다른 허공, 무, 패러다임적 관계들의 필연적으로 선택적인 연결망 사이와 그 너머의 우연성의 실체화 앞에 우리를 위치시켜 **공간 공포**를 가린다. 역사적으로, 하나의 패러다임이 다른 패러다임으로 대체될 때처럼, 이러한 허공은 절대 직면할 수 없다. 이런 이유로 그 실존의 가짜는 눈앞의 것으로 향했다.

후기 하이데거에서, 실제적 행위와 그 기호들은 창조적 행위와 그 상징들로 대체되었다. 행위는 그에 따라 "시작하기",

"지연하기", "제시하기", "세우기", "정하기"처럼 다양하게 놓거나 두는 방식으로 이해되었다. 하이데거는 창조적 행위의 맥락에서 공간에 대응하는 그 경험을 비한도의 공간, 세계의 4중성이 겹쳐지고 변화하는 "근접성(neighness)"이라 가리켜왔다. 이 공간은 오로지 시적으로만, 즉 4중성과 연결된 위치나 주제들의 결정물이자 그것들을 이미지로 구성하는 애매모호한 형태와 재료들의 구성물에 의해 결정된다. 「시의 언어」에서, 하이데거는 우리에게 한도를 지니지 않는 공간의 일부 사례를 제공한다.

트라클의 시에서 위치는 "멀어짐", "대지에서" 영혼의 길 아래 그 존재를 추적하는 공간이다. 멀어짐은 마찬가지로 "혹독한 방랑"과 "완회된 고통" 사이의 "창백한 땅거미"로서 특징지어지며, 고통은 "바위에 감춰지는데" "고통이 대지와 같이 인간들을 지켜보기" 때문이다. 다른 시에서 멀어짐의 창백한 땅거미는 항상 "뼈의 다리 위 방랑자를 뒤따르는" "차가움의 어두운 형상"으로 나타난다. 이 다리는 모든 길로 이르는데 "그 소년의 창백한 목소리는 잊힌 무언가를 생각해내고 그것을 **예언하기**" 때문이다. 고통은 "메마른 바위에서 살며시 소리내는 창백한 꽃"으로 말하며, 이 목소리는 "정신의 뜨거운 불꽃을 타오르게 만든다." 그 정신은 "신을 추적하며" 그에 따라 "가파른 요새로 쇄도한다." 그 시인이 "망연자실한 자가 천상에 쇄도한다."고 선언할 때 이 가파른 요새의 의미는 의심의 여지가 없는 것으로 남아 있다.[10] 그것들은 상징적, 형상적 건축에 대한 언급을 포함하는 주제적 위치들을 세우는 모든 전통적 방식들이다.

'근대 건축'의 끝에서, 스컬리가 르 코르뷔지에의 인도에 따라, 그가 "행위의 환경을 통합된 힘 그 자체로 이해하는", 칸의 제한된 맥락주의 넘어를 보기 시작할 때, 그는 상징적 공간에 대한 이러한 해석학과 같은 무언가를 발견해온 것으로 보인다. 또한 스컬리는 알토의 건축적 형태를 단순히 "특별한 행위를 위한 유동적인 용기"로 이해하기 시작한다. 르 코르뷔지에에서, 스컬리는 마침내 기능적이든 제도적이든 간에 건물과 기념물 사이의 익숙한 관계를 발견한 것으로 보인다. 그에 따라 스컬리는 우리에게 모더니즘의 측면, 즉 르 코르뷔지에의 측면에서, 창조적 행위의 공간에 대한 하이데거적 경험과 대단히 유사한 기념성의 정의를 제공한다.[11]

> 르 코르뷔지에의 것은 근대적 기념성인데 모든 기념 예술처럼, 우리의 생각에서의 최선이 진짜가 되어야 한다는 가장 노골적인 폭로를 다루기 때문이며, 이는 20세기 중엽의 형이상학 철학 대부분이 그토록 가리

10 이러한 인용문들은 바로 앞에서 언급한 논문 가운데 하이데거의 트라클에 대한 논평에서 제대로 찾을 수 있다. *On the Way to Language*, pp. 162, 164, 174, 182, 190.

11 *Modern Architecture*, p. 40.

켜온, 신의 도시로도, 국가로도, 사후세계로도, 정치적 변증법으로도, 물질적 진보로도(기념 예술이 아직도 만들지 못한 것이다), 심지어 우리 자신으로 존재하지 않고, 오로지 우리가 인정하고, 이해하려 시도하고, 가능하다면 고상하게 만들려는 우리의 행위만으로 존재한다.

하이데거를 왜 다시 말해야 하나

임성훈

많은 것이 변했다. 지금은 이 글이 처음 쓰였을 때와 다른 세계가 되었다. 인터넷과 스마트폰이 일상이 되었다는 것도 그렇지만, 사람들의 생각이 많이 변했다. 사람들이 중요하게 생각하는 것, 좋아하는 것, 원하는 것이 모두 바뀌어버렸다.

하지만 산과 바다와 하늘은 달라지지 않았다. 우리의 세계와는 별개인 것처럼 자연의 세계는 그대로 남아 있다. 아직은 말이다. 우리의 세계가 자연의 세계를 침범해서 모두를 파괴시킬지 모르지만, 아직 자연의 세계는 우리의 세계처럼 급격히 변하지는 않았다.

또한 우리 눈에 명확히 보이는 개별적 사물보다, 그 속에 내재한 변화가 더욱 중요하다는 것도 달라지지 않았다. 어느 순간 달라졌다는 것을 느끼지만, 나무가 커가는 것을 우리는 직접 볼 수 없다. 하지만 세계 속의 한 인간은, 결과적으로 나타나는 다름이 아니라 지속해서 변화하는 것을 통해서 살아가며, 건축도 그러해야 삶을 위한 장소를 만들어낼 수 있다. 다만 문제는 이렇게 보이지 않는 변화와 차이를 어떻게 드러내며, 건축에 담을 수 있는가이다.

세계는 우리가 어디를 보느냐, 무엇에 초점을 두느냐에 따라 여러 가지로 받아들여질 수 있다. 상상의 세계를 말하는 것이 아니라, 화폐가 가상의 것이지만 그 무엇보다 현실적인 것처럼, 우리의 세계는 보기에 따라 여러 모습을 가질 수 있고, 무엇에 초점을 두느냐에 따라 다른 세계관을 담을 수 있다. 정확하게 말하자면, 우리는 우리의 세계를 한번에 바라볼 수 있는 방법을 아직 만들지 못했기 때문에 같은 장소에 있다 하더라도 동일한 세계를 생각하기 어렵다.

하지만 우리가 사는 세계를, 전체는 아니더라도 더 큰 세계를 한번에 느끼는 경우가 있다. 일상 속에서 나타나는 우연한 마주침이 그런 경험을 만들어낼 수 있다. 자연과 예술을 대할 때 나타나는 감동의 순간일 수도 있지만, 여러 번 들었던 음악을 다시 듣게 될 때 그 노래가 다른 느낌으로 다가오는 순간을 일상에서 경험할 수 있다.

하이데거는 시간에 따라, 상황에 따라, 우리의 의식에 따라 다르게 느끼는 여러 세계에 대해서 이야기했다.

첫 번째 세계는 사물이 놓여 있는 상황 자체를 바라보는 것이다. 하지만 우리는 이런 세계를 금세 지나쳐 두 번째 세계를 본다. 순수한 사물을 바라보기보다는 교육을 통해서, 사회 속의 일원이 되면서 여러 가지를 엮어간다. 그래서 모든 규율과

도덕이, 무엇을 해야 한다거나 하지 말아야 한다는 말이 떠다니는 세계로 넘어간다. 학교에서 공부를 하고, 시험을 치고, 직장을 다니며 질서를 지키는 세계다.

질서가 나쁜 것은 물론 아니다. 하지만 나라마다 전통이 다르고 법이 다른 것처럼, 완벽한 하나의 질서가 있는 것은 아니다. 왜 그렇게 정했는지 모두 설명할 수 있는 것은 아니라서, 누군가 옮고 그름을 정하게 되며, 그 과정에서 동의할 수 없는 부분도 나타나게 마련이다. 이런 세계가 우리가 같이 살아가는 보통의 세계다.

세 번째 세계는 여러 세계가 통합되어 나타나는 놀라운 세계인데, 일시적으로 큰 희열과 감동에서 얻어지는 순간이며, 여러 세계가 포개지고 중첩되어 나타나는 공간이기도 하다. 다른 측면에서 말하면, 눈에 보이는 명확함이 포개지고 중첩되면서 보이지 않는 변화를 담는 계기로 작동한다고 말할 수 있다. 일상이라는 한정된 세계를 넘어서는 순간이자 지점이며, 삶의 즐거움을 주는 순간이자 장소이기도 하다.

네 번째 세계는 만들어진 세계가 다시 풀려나가는 순간이며 장소인데, 여기서 재구성된 것은 세 번째 세계를 다시 바꾸고 확장시킨다. 그리고 우리가 노력을 기울인다면, 사람들 사이의 합의를 통해서 두 번째 세계 또한 바꾸어낼 수 있을 것이다. 더 나아가서 첫 번째 세계에 대한 인식도 달라질 가능성이 있다. 즉 네 번째 세계는 어떤 세계관이나 패러다임이라기보다 다른 모든 세계를 일구어낼 수 있는 순간의 세계이다. 달리 말하면 이는 가상(virtual)의 세계이며, 여러 세계가 중첩되어 나타나는 순간에 우리가 새로운 발걸음으로 개척해 나아가는 세계라 할 수 있다. 세 번째 세계에 더해 우리의 의지를 담는 것이다.

'불멍'이 유행이다. 불을 멍하게 바라보는 것이 사람들에게 위안을 준다. 과연 불을 바라보면서 무엇을 느끼기에 '불멍'을 하려고 캠핑을 간다는 말까지 있을까? 계속 흔들리며 움직이는 불이 우리에게 어떤 의미로 다가오는 것일까?

각각의 세계는 인간의 태도와 관점으로 설명된다. 사물과 어떤 상황을 단선적으로 파악하면서 세계를 대하느냐, 서로 주고받으면서 세계 속에 있느냐 하는 것이다. 말하자면 '불멍'은 상호간의 관계맺기라 할 수 있다. 불을 단순히 바라보는 것이 아니라, 불이 만들어내는 따스함과 가냘프면서도 화려한 움직임이 우리에게 감정을 전달하고, 다시 우리가 그 불 속에 여러 감정과 감각을 불어넣는 것이다. 그러면 나와 불의 관계를 통해서 더 큰 관계가 나타날 수 있다. 마당에서 '불멍'을 할 때 익히 알던 장소는 사뭇 다른 느낌으로 다가오게 되고, 캠핑을 가서 '불멍'을 한다면 함께한 사람들과 시간을 보내면서 낯선 장소를 새로운 기억으로 채색하게 된다.

만약 일상의 두 번째 세계에서 '불멍'을 통해 새로운 장소의 느낌을 얻는다면 우리는 세 번째 세계에 다다랐다고 할 수 있을 것이다. 그런데 만약에, 거기서 그치지 않고 한 걸음 더 나아간다면? 그 시간의 기억에서 새로운 무엇을 떠올려 한 인간이 자신을 표현하게 된다면? 특히 어느 한 순간, 나도 모르게 놀라운 감정과 생각이 떠올라 그것을 드러낼 수 있다면? 그것은 서로 주고받는 것을 넘어서, 관계를 새롭게 구성했다고 할 수 있을 것이다. 모험(venture)과 우연(contingence)의 선물이며, 한 인간의 창조성이 드러난 것이라 할 수 있다.

우리가 상호간의 관계맺기로 장소를 새롭게 느끼는 것이 세 번째 세계라 할 때, 우연의 순간은 그것을 해체하며 재구성한다는 점에서 네 번째 세계를 연다고 할 수 있다. 네 번째 세계는 순간을 넘어 지속하여, 세 번째 세계를 점차 확대해가면서, 그리고 오랜 시간 중첩되어가면서, 세계에 대한 우리의 이해를 확장한다. 작은 발걸음이, 완전히 포개지지 않고 우연에 의해 조금씩 비켜나므로 커지는 발자국이, 진실로 세계에 대한 우리의 이해를 일깨우고, 예술이 나타나는 토양이 된다.

이렇게 큰 이야기를 꺼내지 않더라도, 일상의 세계를 벗어날 수 있는 계기가 우리에게 위안을 주며 우리의 삶을 풍부하게 한다면, 당연히 건축이 이러한 세계를 열어놓을 수 있는 방법을 찾아야 하지 않을까? 네 번째 세계가 우연에 지배될지라도, 최소한 세 번째 세계를 마주할 수 있는 계기를 건축에 담아야 하지 않을까? 풍요로운 삶을 '불멍'이라는 특별한 조건에서 찾기보다 일상의 마주침에서 더 많이 얻을 수 있도록 하는 그런 건축이 있어야 하지 않을까?

황혼이다 어두운
황혼이 내린다 서 있기를
좋아하는 나무들은 그에게로
불어오는 바람에도 흔들리지 않으며 있고
언덕 아래 오두막에서는
작은 사나이가 사립을 밀고
징검 다리를 건너다 말고
멈추어 선다 사나이는 한동안
물을 본다 사나이는 다시
걸음을 옮긴다 어디로? 라고
말하지 않는다[12]

최하림의 「어디로?」라는 시에는 여러 상황과 사물이 나타난다. 황혼, 나무, 언덕, 오두막, 사립, 징검다리, 멈춤, 물, 걸음… 이 모든 것은 하나씩 이어져 장소를 만든다. 서 있기 좋아하는 나무와 불어오는 바람은 서로를 침범하지 않고 함께 자리한다. 징검 다리는 걸음과 멈춤을 함께 놓아둔다. 작은 사나이는 억지로 멈추지도 일부러 내딛지도 않는다. 그리고 어디로 간

12 최하림, 「어디로?」, 『풍경 뒤의 풍경』, 서울:문학과지성사, 2001.

다고 말하지 않으면서 자신이 의지하는 바를 드러내지 않고 이 모든 것과 함께 어우러진다.

여기서 한 사람의 삶은 자연과 어우러져 있다. 강렬하게 이어붙이려 하지 않기 때문에 자연스럽고 친밀하게 함께 놓여 있다. 습관적인 삶이 시간 속에 누적되면서 친밀함을 엮었다. 상호간의 관계맺음이 펼쳐지고 쌓이면서, 하이데거가 말하는 '손안의 것(ready to hands)'이 드러난다.

그런데 작은 사나이가 아니라 한 인간이 어디로 간다고 말하면, 만약 그런 상황이 나타난다면 어떨까? 그러면 함께 모여 놓인 것들이 무너져내릴지도 모른다. 모험이다. 하지만 그 의지를 통해서 무언가 다른 것을 발견한다면, 그리고 그것을 다시 장소의 일원으로 함께 놓아둘 수 있다면?

의지를 드러내지 않고 시간 속에 쌓아가며 세 번째 세계의 건축으로 나아갈 수도 있다. 물론 이는 순수하게 수동적인 것은 아니다. '손안의 것'으로, 모두를 중재하여 엮어가는 태도를 말한다. 시간적으로도 공간적으로도 더 많이 엮어서 드러낸다는 것은 그 자체로 훌륭한 건축이다.

반면 어떤 경우에 건축은 의지를 드러낼 수도 있다. 하지만 '함께 있음'을 회복시킬 수 있는 강렬함으로 네 번째 세계를 돌아 나와야 한다. 홀로 있음을 고집하더라도, 전체와의 관계를 생각하지 않는 홀로 있음은 어긋남일 뿐이다. 새로운 세계를 재구성하기 위해, 다시 말해 새로운 표현을 만들어내기 위해서 고립(solitude)이 필요하지만, 그것은 세계와 분리되어서가 아니라 구별된 표현을 드러내기 위해서, 그래서 세계를 다르게 말하기 위해서 홀로 있어야 한다. 세계와 분리되었을 때 나타나는 개성은 일시적인 유행에 불과하다. 시간에 사그러지기 때문이다. 만약 시간에 사그러지지 않는다면 폐허를 남길 뿐이다.

건축가의 창조성과 개성은 그 자체가 새로운 모습이 아니라, 세계와의 대면을 통해서 얻어낸 새로운 세계의 발견이다. 그리고 그렇게 얻어낸 세계가 작동하기 위해서는 우리가 이미 알고 있는 세계와 함께 있어야 한다.

아르놀트 하우저는 『문학과 예술의 사회사』에서 묘한 말을 했는데, 후원자들의 요구에 따라 예술가들이 억압되었을 때의 예술과 그렇지 않을 때의 예술이 질적으로 크게 다르지 않다는 것이다. 이는 예술가의 창조성이 작동하는 방식이 우리가 익히 알고 있는 것과는 다르다는 것을 알려준다. 자유가 중요하지 않다는 것이 아니라, 창조성을 일구는 초점이 어디에 있는지 명확하게 살펴야 한다는 것이다.

창조성은 나 개인의 안에 들어 있는 것이 아니다. 설령 그럴 수 있다 하더라도, 그것을 세계를 통해 다른 사람과 나누지 않는다면 어떤 의미도 있을 수 없다. 당시에 인정받지 못했던 작품이 오랜 세월이 흐른 뒤 다시 인정받는 일도 있지만, 시간이 흘러 인정받게 된다 해도 그것은 세계와 작품이 마주칠 수 있었기 때문이다.

따라서 우리는 하나의 세계를 가정해야 한다. 사람들과 함께, 자연과 함께, 세계 그 자체와 함께 놓일 수 있는 근원적인 장소를 생각하지 않는다면, 그것을 시간 속에서 쌓아가는 것으로 생각하지 않는다면, 결과적으로 새로움이 어떤 세계의 일부로 참여하지 않는다면 창조성은 가치를 갖기 어렵다. 최소한 어떤 장(場)을 생각해야 하며, '손안의 것'을 모태로 생각해야 한다. 최하림의 시가 주객의 합일로 하여 '손안의 것' 틈 사이 있는 새로운 이미지를 드러내며 하나의 장을 만들어내는 것처럼 말이다.

하이데거는 파르테논 신전을 거명하면서, 재현, 상징, 표현 등 세 가지 기능이 한 가지 형태로 드러나면서 작품이 된다고 말했다. 사물의 재현으로서 형태, 관념의 상징으로서 형태, 정서적 태도의 표현으로서의 형태로 복합되어 나타난다는 것이다. 이러한 복합과 중첩은 함께 있음으로 '손안의 것'으로 드러나며, 더 큰 세계를 지향함으로 하나의 개체를 넘어 통합된 세계의 총체, 즉 존재로 향하여 있다.

우리는 같은 장소에서도 서로 다른 세계를 꿈꾼다. 그리고 건축은 그 많은 세계를 담아낼 수 있어야 한다. 우리가 살아가는 세계의 단편에 맞는 것이 아니라, 수백 년을 지속하면서 시간을 쌓아가고, 그 속에서 사람들이 다른 세계의 중첩을 찾아갈 수 있어야 한다.

많은 사람들은 자신이 원하지 않는 일을 해야 살아갈 수 있는 두 번째 세계에서의 탈출을 꿈꾼다. 두 번째 세계의 폭력 속에서 살고 있으며, 더 넓은 세계의 자유를 꿈꾼다. 큰돈을 벌어서 빨리 은퇴하고자 하는 마음도 이와 다르지 않을 것이다. 하지만 어디로 가야 할까? 많은 사람들은 자신이 무엇이든 조정할 수 있을 거라는 생각에서 첫 번째 세계를 자유로운 세계로 꿈꾸기도 한다. 그렇지만 자유로움은 세 번째 세계에서 네 번째 세계로 넘어가는 도정에 있다. 중요한 것은 경계에 놓이는 것이다. 여러 세계가 몽타주된 장소, 온전히 한 세계에 속하지 않고 새로운 가능성을 열어놓는 건축의 장소에서 우리는 자유로움을 느낄 수 있다.

마지막으로 한 가지 더 언급해야 할 부분이 있다. 건축의 여러 논의에서 땅의 기억이나 맥락을 말한다. 하지만 가장 주요한 기억은, 그래서 맥락이 담으려 하는 것은 눈에 보이지 않는 상태의 무언가이다. 땅이 여러 켜로 만들어져 있다면, 직접적으로 이야기해서 땅의 단면을 잘라 지층을 살펴본다면, 눈에 두드러지는 지층의 단면이 있겠지만, 그 지층을 만들어낸 것은 명확히는 보이지 않는 지층 사이의 변화일 것이다. 이 글의 목적도 보이지 않는 지층 사이의 변화가 중요하다는 것을 설명하는 것이다.

하지만 보이지 않는 것을 어떻게 말할 수 있는가? 사실 세 번째 세계와 네 번째 세계는 달리 말하면 어떻게 지층의 사이를 보여줄 수 있느냐의 문제인데, 결과적으로 말해서 지층의 사이는 지층과 함께 볼 수밖에 없다. 한편으로는 경박하고 단순하여 눈에 두드러지는 것을 통해서, 그 경박함이 실은 삶의 많은 변화를 담고 있다는 것을 보여줌으로써 우리는 변화를, 그 속에 담긴 손안에 있음을 알 수 있을 것이다.

이 글은 상징에 대한 논의로 시작한다. 하지만 우리는 상징이 만들어지는 과정을 생각해보아야 하고, 만들어진 상징을 재현 속에, 그리고 표현 속에 함께 두면서 생각해야 한다. 결과적으로 상투적이고 좋지 않은 디자인이라 생각할 수도 있는 것이 가장 깊은 삶의 모습을 드러내는 계기가 되기도 하는 것이다.

좋은 건축이란 이렇듯 좋은 것과 좋지 않은 것의 사이에서, 오래된 것과 새것 사이에 놓여야 하며, 그렇게 시간과 여러 표현의 중첩 속에서 사람들이 세계의 또 다른 중첩을 찾아낼 수 있도록 하는 건축이다. 구체적인 세계가 만들어기 전에 있었던 근원적인 세계의 질(quality)를 길어 올려 자신의 삶을 놓을 수 있는 장소를 만드는 건축이 지향하는 바이며, 기술의 발전에 따라 신기술이 우리를 뒤덮고 있는 지금 이런 좋은 건축이 더 필요하다. 오랜 시간의 중첩 속에서 세 번째 세계를 찾으며, 네 번째 세계를 돌아 자신의 장소를 마련하는 사람의 건축이며, 자유로운 건축이다.

참고문헌

Colquhoun, Alan, *Modernity and the Classical Tradition: Architectural Essays 1980-1987*, Cambridge, Mass., MIT Press, 1989.

Colquhoun, Alan, *Essays in Architectural Criticism: Modern Architecture and Historical Change*, MIT Press, Cambridge, Mass. and London, England, 1981.

Gombrich, E. H., *Symbolic Images: Studies in the Art of Renaissance II*, Oxford-New York, Phaidon-Dutton, 1972.

Heidegger, Martin, *The Question Concerning Technology and Other Essays*, translated by W. Lovitt, New York, Harper and Row, 1977.

Heidegger, Martin, *Being and Time*, translated by J. Mcquarry and E. Robinson, New York, Harper and Row, 1962.

Heidegger, Martin, *The Basic Problems of Phenomenology*, translated, Albert Hofstadter, Bloomington and Indianapolis, Indiana University Press, 1982.

Heidegger, Martin, *Poetry, Language, Thought*, translated by Albert Hofstadter, New York, Harper and Row, 1971.

Husserl, Edmund, *The Crisis of European Sciences and Transcendental Phenomenology*, translated by David Carr. Evanston, Northwestern University Press, 1970.

Husserl, Edmund, *Logical Investigations*, translated by J. N. Findlay, London, Routledge and Kegan Paul, Vol. I, 1970.

Kaufmann, Emil, *Architecture in the Age of Reason: Baroque and Post-Baroque in England, Italy and France*, Cambridge, Harvard University Press, 1955.

Norberg-Schulz, Christian, "Kahn, Heidegger and the Language of Architecture," *Oppositions*, no 18 (Fall, 1979).

Norberg-Schulz, Christian, *Intentions in Architecture*, Cambridge, Mass., The M. I. T. Press, 1992,

Norberg-Schulz, Christian, *Genius Loci: Towards a Phenomenology of Architecture*, New York, Rizzoli, 1979.

Norberg-Schulz, Christian, *The Concept of Dwelling: On*

the Way to Figurative Architecture, New York, Rizzloli, 1984.

Norberg-Schulz, Christian, *Meaning in Western Architecture*, New York, Rizzoli, 1974.

Norberg-Schulz, Christian, *Baroque Architecture*, New York, Harry N. Abrams Publishers, 1971.

Ortega y Gasset, J., *History as a System and Other Essays toward a Philosophy of History*, New York, W. W. Norton, 1961.

Paz, Octavio, *Marcel Duchmap, Appearance Stripped Bare*, translated from the Spanish by Rachel Phillips and Donald Gardner, New York, Little, Brown and Co., 1990.

Pepper, Stephen, *World Hypothesis: Prolegomena to Systematic Philosophy and a Complete Survey of Metaphysics*, Berkeley, University of California Press, 1961.

Pérez-Gémez, Alberto, *Architecture and the Crisis of Modern Science*, Cambridge, MIT Press, fifth printing, 1990.

Reale, Giovanni, *History of Ancient Philosophy II: Plato*

and Aristotle, translated from Italian and edited by John R. Catan, New York, Suny Press, 1990.

Scully, Vincent, *Modern Architecture: The Architecture of Democracy*, New York, Geroge Braziller, 1961.